在场证明

中国悬疑推理作家访谈录

战玉冰◎编著

上海交通大学出版社
SHANGHAI JIAO TONG UNIVERSITY PRESS

U0360333

内容提要

本书共收录 13 篇中国当代悬疑推理小说家、话剧导演、电影编导、游戏设计师等不同领域创作者的访谈文章，兼顾本格解谜、法医刑侦、硬汉侦探、历史悬疑、幽默推理、密室犯罪与谍战想象等多种风格类型，试图借此呈现出中国当代悬疑推理文化发展的复杂和多元面貌。

图书在版编目(CIP)数据

在场证明 ：中国悬疑推理作家访谈录 / 战玉冰编著.
上海 ：上海交通大学出版社，2025．4． -- ISBN 978-7-313-32230-2

Ⅰ．K825.6

中国国家版本馆 CIP 数据核字第 2025TC8650 号

在场证明：中国悬疑推理作家访谈录
ZAICHANG ZHENGMING：ZHONGGUO XUANYI TUILI ZUOJIA FANGTANLU

编　　著：战玉冰
出版发行：上海交通大学出版社　　　　　地　　址：上海市番禺路 951 号
邮政编码：200030　　　　　　　　　　　电　　话：021 - 64071208
印　　制：苏州市越洋印刷有限公司　　　经　　销：全国新华书店
开　　本：880 mm×1230 mm　1/32　　　印　　张：7.875
字　　数：168 千字
版　　次：2025 年 4 月第 1 版　　　　　　印　　次：2025 年 4 月第 1 次印刷
书　　号：ISBN 978 - 7 - 313 - 32230 - 2
定　　价：58.00 元

前言

　　1841 年 5 月，美国作家埃德加·爱伦·坡在《格雷姆杂志》上发表小说《莫格街凶杀案》，侦探小说正式诞生。在此后的 180 多年时间里，侦探小说经历了漫长、曲折而复杂的发展与流变过程：从短篇到长篇、从福尔摩斯到波洛、从"黄金时代"到"冷硬派"崛起、从"本格派"到"社会派"再到"新本格"、从程小青到孙了红……甚至广义上的侦探叙事，也从小说逐步拓展至戏剧、影视与游戏等不同的媒介领域。

　　具体到中国现如今的侦探推理小说创作，其整体上的发展状况或许有诸多不尽如人意之处，但也呈现出丰富多彩的面貌和样态。而本书试图通过与 13 位中国悬疑推理作家的访谈文字，呈现出中国当代悬疑推理创作场域的多样性和复杂性。本书所选定的访谈作者并没有限定于"本格"推理，而是兼顾法医刑侦、硬汉侦探、历史悬疑、幽默推理、密室犯罪与谍战想象等诸多类型。甚至本书所关注的"创作"也不仅限于小说，戏剧、影视与游戏同样是当代悬疑推理创作的重要表现形式。与此同时，创作题材、类别与风格的多样性背后其实是不同创作者对于"悬疑推理"理解方式上的不同。本书也是想借助对话的激荡，来进一步探索悬疑推理在当下的创作与表达中可能承载的意义。

我编著这本访谈录的另一个原因，是想要为当代中国悬疑推理创作保留下来一点类似于口述史的材料。等到数十年甚至百年之后，今天已然变成历史，后人再来回望 21 世纪前 20 年的中国悬疑推理创作，这些来自历史现场的文字或许会为他们理解这段中国类型文学发展史提供一点有益的参考。

除了 13 篇作者访谈，本书的"后记"是我与香港大学魏艳老师所进行的一次关于中国侦探推理小说的对谈文字，最初发表于《文艺报》2023 年 7 月 19 日第 8 版。我想既然本书是以对话为主要的呈现方式，那么不如索性将对话的形式贯彻到底，所以用这篇对谈文字来代替一般意义上的全书"后记"。

最后，需要说明的是，本书中所收录的 13 篇访谈文章，此前在《南方周末》报纸和新媒体上以"悬疑推理作家访谈录"专栏的形式陆续发表过，感谢《南方周末》编辑刘悠翔兄在这一过程中的全力支持和专业建议。同时也要感谢本书的责任编辑王小菲的积极策划与邀约，以及 13 位慷慨接受我访谈叨扰的作者朋友们，没有你们就不会有这本小书的最终完成。

谨以此书，献给我们一起畅聊推理的岁月。

2024 年 12 月 1 日

目录

法医秦明：
真正高智商的人不会犯罪

● **秦明**

检验过两千具尸体的一线公安法医，经验颇丰，绰号"老秦"，国内畅销悬疑作家。代表作有"法医秦明"系列、"蜂鸟"系列、"守夜者"系列、科普系列等。

　　在当代中国侦探小说写作者中，"法医秦明"是一个非常独特的存在。一方面，当代具有警察工作经历的作家其实不乏其人，比如雷米、阿乙等，但像秦明这样将自己的工作经历、专业技能与侦探小说写作结合得如此紧密的作者，又可以称得上是"绝无仅有"。另一方面，我们可将"法医秦明"视为一种更广义上的文化现象，它由小说起步，后来渐渐延伸出影视、综艺等不同文化形式，甚至成为很多人心中"法医"这个职业的代名词。其中法医职业与文学创作的彼此交织，构建出了一种惊人的文化传播力。

对于作为法医的秦明，我充满了敬畏心与好奇感：他当初为何会选择这个职业？在这个多少带有些神秘感的职业中工作几十年，又有着怎样的心路历程？面对当今大量关于法医或伴作题材的文学与影视剧作品，他的专业本身又能够提供哪些新的观察视角？

对于作为作家的秦明，我又有着诸多的疑问：他如何处理小说写作中的虚构与真实问题？他如何看待犯罪题材小说中的写作伦理边界？他对侦探小说的类型文学传统有着怎样的阅读倾向和自我认同？而当我在采访中得知秦明最喜欢的中国侦探小说作家是海岩时，我之前心头的很多疑问都迎刃而解，一条中国公安文学的发展谱系在我眼前渐渐清晰起来。

当然，在最新的小说《白卷》中，我们又认识了作为父亲的秦明，相对于前些年侦探文学中流行的"坏小孩"叙事，《白卷》中对于孩子的弱者想象方式或许更加传统，但也更能切中当代家长们真正的关切和焦虑。在这部小说中，法医依然是小说中行动的主体，但父亲却更能传递出作者内心的声音。

和秦明的聊天时间不到两个小时，但我却在电话这头感受到了一种踏实、信任与安全感。这可能是因为他言谈和声音中所透露出来的那种朴素与诚恳，也可能源于他多年一线警察工作的职业经历。而我在这次聊天中，也隐隐约约感受到对"法医秦明"小说中真实感的另一种理解可能，这种真实感不在于故事本身是否"纯属虚构"，而在于一种写作态度的坚持与内心对于正义的笃信。

——采访手记

现实中的法医

战玉冰：秦明你好，从你的第一部小说《尸语者》2012 年出版以来，经过十几部小说的出版、多部影视剧作品的改编，一直到现如今非常火的综艺节目《初入职场——法医季》（以下简称"法医季"），法医从一个原本比较小众、多少带有一点神秘感的职业，到现在渐渐为大众所熟知。你最初为什么会选择法医这个职业？

秦明：我上中学的时候对法医也基本上不了解，我父亲是警察，母亲是护士，父亲对我有一种"子承父业"的情结和期待，但母亲觉得做警察太危险，后来我报志愿的时候就折中报了法医。

战玉冰：你第一次上解剖课的时候，是怎样的场景和感受？

秦明：我 1998 年上大学，开始进入法医专业领域的学习，在学习与工作的过程中逐渐体会到了法医的重要性。比如我小说《尸语者》中的第一个故事，讲几个青年打架斗殴，一个人被刺伤致死。原本是一个非常简单的案子，但需要法医对致伤工具进行鉴定，才能准确判断出他们各自所需要承担的法律责任。关键这一起案件的死者是我的熟人，所以对我的心理造成了很大的影响。这是我第一次上解剖课，印象非常深，我被法医工作的重要性所深深震撼，并从此立下人生志向：这辈子一定要当一个好法医。

战玉冰：在你后来从事法医工作的过程中，会有什么心路上的变化吗？

秦明：开始我会对犯罪者感到非常愤怒，疾恶如仇。但一名法医真正成熟的标志是淡然，不会过多关注案件以外的东西，而是将自己的全部精力都放在尸检上，尽最大努力寻找线索。

战玉冰：就是法医随着工作经验的不断累积，获得的不只是职业技术层面的提升，更是整个人格上的淬炼和变化。

秦明：我觉得应该是这样的。

战玉冰：之前我以为法医作为医生的一种，主要的工作就是进行尸检。但通过你的小说和"法医季"节目，我发现法医还要承担大量现场勘查、物证鉴定，甚至案情推理方面的工作。

秦明：对的，我们中国公安机关设置了法医部门，公安法医是要参与到案件现场勘查和案情侦破工作之中的。在一些西方国家，法医作为独立的检验机构，通常只需要对死亡原因、死亡时间、致伤工具三个信息进行鉴定，一般不会在这三个问题之外发表意见。但是我们在查案过程中，所有的警种都必须在自己的专业范围内发挥出最大的作用，这样才能最高效地破案。我们经常说命案现场的中心是尸体，而法医又是接触尸体的唯一的警种，所以法医就会掌握整个现场的核心信息。因此，我们的法医经常也要参与到更多的案情分析和推理过程中，这也保证了我们的各个警种都作为一个整体，彼此协作，发挥团队最大的效能，以最高的效率破案。

我书里写过这么一个故事：一家五口灭门案，凶手用刀杀害了男、女主人，男主人的母亲、保姆和孩子，五具尸体上都是致命刀伤，保姆和老太太头上还有锤子击打的伤痕，并且还是死后损伤。遇到这样的案情，西方很多法医机构在进行检验的时候，会觉得死亡原因、死亡时间、致伤工具都很清楚，就不会再进行下一步的推理了。但我们的法医还会继续根据这些线索进行推理：为什么凶手要在这两个人死后还用锤子砸她们的头呢？最大的可能是加固型损伤，怕她们不死，再砸两下。那什么情况下会使用加固型损伤呢？那就是死者认识凶手。那为什么只对老太太和保姆采用加固型损伤？说明一家五口中只有她们两个人认识凶手，其他家人都不认识。那凶手会是什么人呢？我们推测有可能是市场上卖菜的小贩，平时只和老太太与保姆有接触。于是我们就大大缩小了侦查范围，提高了警方的破案效率。所以我说让法医更多地参与到整个勘查、推理和破案的过程中，其实是更符合我国国情的一种制度安排，可以大大提高破案的效率。

战玉冰：真是很精彩的推理。在当下很多其他刑侦剧、悬疑片或者推理小说中，也都会设置法医这个角色，并令其承担重要的破案功能。但这些影视剧或小说中的法医角色，多半都是女性——比如剧集《白夜追凶》(2017 年)中的女法医高亚楠，呼延云小说《扫鼠岭》(2020 年)中的女法医蕾蓉等。不知道在真实的法医职业中，男女性别比例是怎样的？

秦明：影视剧可能是更多出于戏剧性的考虑，所以设置了很多女性法医的角色。但在实际的职业性别构成中，干法医这行的还是男性居多，我们安徽省(的法医)大概男女比例是 10∶1。男性从事法医的优势可能在于，很多尸体解剖工作其实是力气活，而且有时候需要三更半夜到深山老林里面出现场。但女性法医也有其自身优势，比如她们往往更细致，一些细节处理会做得更好。法医平时很多的工作是伤情鉴定，面对女性伤者，女法医也有自身的便利之处。

战玉冰：提到法医题材影视剧，除了都市题材，随着法医这个职业走入大众视野，也反过来带动了另一种题材影视剧的流行，就是以古代仵作或验尸人员为主角的作品。从早年的《大宋提刑官》(2005 年)到近年的《御赐小仵作》(2021 年)，甚至包拯身边的公孙策也多少要具有一点验尸的能力。在我看来，这其实是在用某种现代的法医技术和精神来重新想象一名古代的仵作。你平时会看这些影视作品吗？你对这些作品有什么看法？

秦明：正如你所说，这些古装影视剧中的"提刑官"或者"仵作"，其本质还是依照现代法医所进行的艺术形象加工。举两个例子，一个是依照古代的风俗习惯，大部分情况下是不能解剖尸体的，只能通过尸表检验来断案。当然对于很多案件来说，尸表检验也能大概明确案件的基本情况。除非遇到尸表检验无法处理的疑点，才能解剖尸体。另一个就是古代的仵作只有清洗、搬运尸体的职能，没有鉴定的职能，官员才有资格进行验尸和鉴定。仵作在古代的身份等级划分中，往往是贱民，不具备这样的资格，甚至没有权力填写尸检记录，而我们现代的法医是有鉴定权的。所以你说的两部古装影视剧，其实差别又很大。《大宋提刑官》中的宋慈是正四品的提点刑狱官，《御赐小仵作》中的主角是个小仵作，两个人的工作职能、权力范围其实都是不同的。

战玉冰：就是说古代仵作受到封建社会阶级等级秩序观念的束缚，不能充分发挥自己的专业知识和职业技能。这构成了一个很大的局限性。

秦明：对。

写小说"完全源于委屈"

战玉冰：除了是一名法医，你的另一个重要身份就是一名作家，你最初为什么会选择把法医的经历写成小说？

秦明：我写作完全源于委屈。

战玉冰：怎么说？

秦明：就是我在从事法医这个职业之后，一方面会感到这个职业的重要，甚至是伟大和崇高。但另一方面，在日常生活中，法医也会遭到一些误解和歧视，比如有人知道我是法医之后，不愿意和我握手，不愿意和我同桌吃饭，觉得晦气。在公安系统内部，法医作为一个警种也需要被更多地关注和重视，人们往往容易看到最后抓捕罪犯的警察，而忽略背后默默奉献、做了大量鉴定和推理工作的法医。同时我写小说也是为了普及一些基本的法医知识，网民们具备更好的法医学素养，就不容易被谣言所蒙骗。

战玉冰：相当于获得了正确的法医知识，在一些情况下就提高了对谣言的鉴别力。

秦明：对的，同时我还希望能够震慑犯罪。有人之前问我，你不担心读者看了你的小说之后会去效仿犯罪吗？我说我不怕，我写小说不是为了吸引眼球，而是希望我的读者在看完我的小说后都能明白，我们有最专业的法医和最高的破案率。在这里，"犯罪伸手必被捉"。我希望我的小说可以让善良的人提高警惕，让心怀恶念的人放下屠刀。

战玉冰：嗯，其实创作态度决定了小说具体写法的不同，相应地，最后达成的写作效果与读者影响也会不一样。

秦明：对，是这样。

战玉冰：那你觉得现在社会对于法医的认识有所好转吗？你最初写作时的委屈还有吗？

秦明：现在大众对于法医的了解越来越多，也越来越认识到法医这个职业的特点和伟大之处。

战玉冰："法医秦明"系列小说特别触动人的地方在于其中透露出的那种真实感，那是一种来源于日常工作经验的真实。比如小说里面讲到法医给死尸剃头发的细节，用手术刀剃，既要剃干净，还要不伤及头皮，一看就是专业的法医才能写出来的细节。那你最初为什么会选择小说这种虚构的文学形式，有考虑过写非虚构纪实类作品吗？

秦明：这里涉及一些写作伦理和案件保密的问题。我写的小说，基本上是虚实结合。法医工作和推理都是"实"的，但是案情本身是"虚"的。就是我可能虚构了一个案件故事，但其中法医工作的日常和核心推理点，又都是实实在在，源于生活的。

战玉冰：这样的虚实结合也是很有意思。你平时喜欢读侦探小说吗？有哪些喜欢的侦探小说作家和作品？

秦明：我最喜欢的作家这么多年没变过，就是海岩。但准确地说，他写的不是侦探小说。

战玉冰：嗯，其实海岩是更广义上的公安题材写作者，他在书里面融入了相当多的言情小说的类型元素。

秦明：对的，他是那种偏都市的风格。我看的第一本海岩的小说是《便衣警察》，小说写得很早，但我是在 2000 年上大学之后才"入坑"的。第二本是《一场风花雪月的事》，还有《死于青春》《玉观音》《深牢大狱》，包括后来的《舞者》《长安盗》，我都是第一时间买来读的，最喜欢《深牢大狱》这一本。后来焦俊艳出演电影《长安盗》，她是我第一部网剧的女主角，而且也是安徽人，我们很熟，所以我听说她去演这部由海岩小说改编的电影就很兴奋。除了海岩，我也看雷米的《心理罪》系列、周浩晖的《死亡通知单》系列，包括马伯庸的小说，我不知道算不算推理小说，但我也很喜欢看。

战玉冰：听说你和雷米还有一些有趣的交往经历。

秦明：雷米是刑警学院（中国刑事警察学院）的老师，我是刑警学院的学生，我是大学毕业之后到刑警学院读了一个双学士，所以虽然我和雷米年龄差不多，但他确实做过我的老师。另外，我写完第一部小说之后寄给他看，他提了三条意见，让我至今印象深刻：一是请搞清楚"的、地、得"的用法；二是少看同类型小说，继续保持自己的风格；三是做一个能写很久的写作者。我觉得他当初提的这三条建议，我基本做到了吧。

战玉冰：真是非常坦诚的建议。你会觉得雷米笔下方木的犯罪心理画像更偏幻想和虚构，而你的"法医秦明"系列更偏现实主义吗？

秦明：我并不认为方木这个人物是完全地虚构的，一方面，犯罪心理画像技术在具体犯罪研究和破案过程中也确实存在；另一方面，我觉得方木身上可能集合了很多优秀公安干警的成功案例，并不是完全出于虚构。相比之下，我的"法医秦明"系列，可能因为法医学是自然科学，更容易让人信服。我给你讲科学道理，得出破案结论，你觉得这是可信的。但心理分析，同样也是建立在科学的基础上。

"擦掉足迹会留下更多擦拭的痕迹"

战玉冰：如果把"法医秦明"系列也放到侦探小说的文学传统中来看，其实早在柯南·道尔的"福尔摩斯探案"中，大侦探福尔摩斯就具备两项技能：一个是巨细靡遗的现场观察能力，脚印、指纹、血迹、毛发、烟灰，任何一点细节都不会逃过福尔摩斯的眼睛，而这些往往能构成其最后破案的关键性线索；另一个就是其强大的逻辑推理能力，正如福尔摩斯自己所说，"逻辑学家从一滴水就能推测出它是来自大西洋还是尼亚加拉瀑布的，而无须亲眼见到或听说过大西洋或尼亚加拉瀑布。生命就是一条巨大的链条，只要见到其中的一环，我们就可以推想出整个链条的特性"。如果从福尔摩斯系列小说所开创的这两条文学传统来看，"法医秦明"系列似乎是继承并发展了第一条传统，并将这种传统和一个非常具体的、现代化的职业相结合，写出了某种真实感。你对侦探小说的这两条传统怎么看？

秦明：我觉得不同作家有不同的写作侧重和关注点。经常有人问我是"本格派"还是"社会派"，我说我哪一派都不属于，因为我写的这些东西不是为了推理而推理，而是为了破案而推理。如果一定要概括一下的话，我认为可以叫"现实推理"。一方面，现实物证是推理的前提和依据；另一方面，物证和推理相结合，最后的目的都是破案。

战玉冰：现在本格推理小说中很重要的一个分支就是"密室杀人"。而在你的《幸存者》中，第四案就是"夺命密室"。在《白卷》中，第十案也叫"断肠密室"。当然，我觉得你小说中所说的"密室"，和现在"新本格"小说中的密室概念还是有很大差别的。你怎么看待这种推理小说中的密室设计？如果说在"新本格"推理小说中，"密室"往往意味着某种脑洞大开的奇思妙想与严谨的逻辑推理的结合，那么在法医侦探的眼中，密室是可能存在的吗？还是所谓"密室"，一定会留下凶手故意伪造的痕迹和线索？

秦明：我非常感动，因为你真的看懂了我的小说，就是这个意思。我们经常说只要有人出现在案发现场，就一定会产生物质交换。比如你设置了一个很复杂的密室，我们一般管它叫"封闭现场"，你可以不留下足迹吗？很多人说擦掉足迹就可以啊，但擦掉足迹会留下更多擦拭的痕迹，犯罪嫌疑人想得越多，在现场多余动作越多，给警方留下的线索和证据就越多。就像经常有很多人问我有没有"高智商犯罪"，我说真正高智商的人不会犯罪。

战玉冰：提到"高智商犯罪"，我想到紫金陈的小说，他有一部小说叫《无证之罪》，其中有一个非常有意思的想象，就是犯罪者是一个精通物鉴和法医两个领域的顶级专家，这样的人去犯罪，现场不会留下一点线索和证据。而破案的侦探则是一名大学数学老师，有着超强的逻辑推理能力，于是形成了"推理之王"解决"无证之罪"这种有点类似于传统武侠小说中巅峰对决的情节设计。你怎么看待这一类的文学想象？

秦明：不同的小说家都有自己不同的特长和不同的小说写

法，紫金陈的小说我也很喜欢读，不过我们的写法可能不一样。他善于做推理的安排，而我的特长是写法医。在我的实际工作中，不存在"无证之罪"，"无证"就是"无罪"。只有找到证据，形成完整的证据链，才能定罪，因此我的小说可能会更注重证据。

战玉冰：在你早期的小说中，各个故事之间彼此相对独立性更高一些，只是由同一批法医将这些不同的案件、不同的小故事串联起来，某种程度上来看，它可能更接近于一组彼此关系密切的"短篇小说集"。你在《幸存者》的"序"中也说过，"法医秦明"系列的本色之一，就是"以个案为基础，加入穿插全书的主线"。而在最新的这本《白卷》中，我明显能感受到整部小说的整体性设计，首尾呼应、环环相扣，一个复杂的长篇小说的结构已然形成，这样一种从短篇故事连缀到长篇小说的变化是你有意为之的结果吗？

秦明：是的，其实"法医秦明"系列小说是成卷的，前六本《尸语者》《无声的证词》《第十一根手指》《清道夫》《幸存者》《偷窥者》都是"万象卷"，写的是人间万象，所以更接近短篇小说集的写法。然后从《天谴者》开始，《天谴者》《遗忘者》《玩偶》和《白卷》，是"众生卷"，在写法上会有很大不同，就是每一本书虽然还是有好几个案件故事，但整体上是围绕一个社会问题来写。比如《天谴者》主要聚焦的是社会责任感，《遗忘者》主要聚焦腐朽的女德思想，《玩偶》聚焦的是家暴，而这本《白卷》主要聚焦的是亲子关系里的沟通问题。

我写小说另外一个变化在于，我在"众生卷"里减少了命案的篇幅，而增加了其他意外死亡的故事，主要原因有三：一是我本身就是写实派的作者，而实际情况中，命案的确是越来越少了；二是法医工作绝对不仅仅是在命案中发挥作用，在死亡方式的判断和整个诉讼过程中都能发挥不可替代的作用，我希望我的读者可以看到法医在其他更多领域发挥作用的故事；三是法医工作博大精深，除了现场分析，还有很多其他的案件需要法医贡献力量，我想让我的读者全面地了解法医学专业。

战玉冰：你在《白卷》里面写到很多关于父母和子女之间的日常相处、代际隔阂的问题，你这本书对于亲子问题的关注，和你作为一名父亲的身份有关系吗？

秦明：这个问题不太好回答，因为我自己和我父亲一样，在孩子的成长过程中是缺位的。因为工作原因，我以前一年要出差两百多天，现在案子少了，也要出差几十天到一百天。所以平时工作也挺忙的，在孩子的教育过程中我自认为还是属于半缺位的状态。但我还是很关注这个问题，希望通过小说引起大家对于青少年的关心，我是想去触发大家的思考，而不想去说教。

访谈时间：2023 年 8 月 31 日

呼延云：
原来侦探也会失败

呼延云

曾任报社编辑、记者，2009 年以小说《嬗变》出道，代表作有《扫鼠岭》《空城计》《鬼笑石》等。另著有随笔集《中国古代异闻录》。

"黑暗中，她摸到了那块骨头"，从敲下这句话开始，呼延云开启了自己的推理小说创作生涯。从 2009 年以《嬗变》出道至今，经历《镜殇》《不可能幸存》《黄帝的咒语》《乌盆记》《复仇》《凶宅》等作品，一直到近些年的《扫鼠岭》和《空城计》，呼延云多年以来坚持写作同一个侦探的系列小说，有着持久的稳定性。但沿着他的小说创作轨迹，我们也不难从中看到明显的变化和成长，比如小说中社会议题的融入与现实性的增强。

与此同时，很多当代国内推理小说作家的风格、面目都很明确，每一部小说创作的流派传承也都清晰可见，相对而言，呼延云的创作风格比较驳杂。而他的小说也令我们产生了一系列的疑问：比如其是否属于"社会派"推理？他小说中的"本格"诡计、刑侦设定与幻想成分是如何被结合在一起的，其中的矛盾和裂隙又该如何得到解决？为何他在关于中国当代背景的小说写作中，会经常挪用《乌盆记》《空城计》等传统故事元素？以及作为一名"70后"作家，他和后来更年轻一代的中国推理小说写作者之间又有哪些代际性的差别？……基于这一系列的问题，我首先对呼延云的创作经历、风格源流，乃至个人阅读史产生了兴趣。

从埃勒里·奎因、杰夫里·迪弗到宫部美雪；从苏联现实主义文学到《白鹿原》；从水上勉、森村诚一的作品到中国传统戏曲……我们从作为一名读者的呼延云身上，隐约能看到理解作为一名作者的呼延云的可能性。甚至进一步来说，呼延云的推理小说阅读与创作经历，也折射出中国当代推理小说发展的某种历史脉动。比如1980年代日本"社会派"的翻译引进与21世纪以来"新本格"热潮所造成的不同代际影响，在相当程度上构成了"70后"与"80后""90后"中国推理小说写作者之间截然不同的创作"底色"。

当然，除了推理小说，在一个半小时的交流中，我们也是无话不谈，比如关于他早期写作道路上所遭遇的挫折、十八年记者从业的工作经历与见闻感受、当下的创作焦虑与生活压力，等等。一句"一个背了200万元房贷的人，是不会去写在北京四环以内为了杀人而造一栋房子的"，既幽默、坦诚，又不无精辟地指出了所谓"本格派"与"社会派"之间的根本性差异。

呼延云小说中的侦探也叫呼延云，这样一种推理小说作家与笔下侦探"同名"的情况在推理小说史上并不少见。但是在呼延云这里，我似乎感受到了另外一层相似性，就是现实中作为记者的呼延云、作为推理小说写作者的呼延云与小说中作为侦探的呼延云之间某种更深层次的精神关联——他们都在执着探索着某种关于社会、关于小说、关于案件的真相或真理，他们都是某种意义上的"真相推理师"。

——采访手记

一个推理小说家的阅读史

战玉冰：我很好奇你作为一名推理小说作家的阅读史，对你影响最大的推理小说作家是哪位？

呼延云：主要是埃勒里·奎因、杰夫里·迪弗和宫部美雪，这三位影响可能比较大一些。其实现在流行的"新本格"对我的影响非常小，影响比较大的还是"古典本格"和"社会派"。

战玉冰：你大概是从什么时候开始阅读推理小说的呢？

呼延云：我是 1976 年出生的，小时候接触到的主要是一些日本"社会派"的作者，比如水上勉的《海的牙齿》，还有森村诚一的作品，很早就有中文译本了，我看的主要是这一类作者的作品。到 2000 年左右，我开始读奎因的小说，还有杰夫里·迪弗《人骨拼图》的电影原作。读宫部美雪都是很后面的事情了。

战玉冰：确实，当代中国推理小说作家创作和他们的年龄代际，以及国内对于外国推理小说翻译引进的时间顺序都密切相关。1978 年我们引进的根据西村寿行小说改编的电影《追捕》、1979 年引进的根据森村诚一小说改编的电影《人证》，都在国内引起了巨大的轰动效应。随之而来的 1980 年代，特别是 1985 年之后，日本"社会派"推理小说就被大规模引进国内，比如你说的水上勉和森村诚一的作品，当然还有松本清张和西村寿行的作品，正好是你的少年时代。

呼延云：对的，我们的创作和代际阅读之间有着非常密切的关系。比如我小时候读的是这些"社会派"作家作品的中文译本，而现在"85 后"的作者们，他们青少年时期接触的就是"新本格"，而这些最初的阅读经验，很大程度上构成了我们后来创作的某种文学底色。

战玉冰：珠海出版社 2004 年引进了绫辻行人的《十角馆杀人预告》，大概是中国大陆第一次正式出版日本"新本格"作品。而新星出版社第一次引进岛田庄司的《斜屋犯罪》和《占星术杀人魔法》是在 2008 年，正好是"85 后"作者成长的青春时期。

呼延云：是的，而我接触到"新本格"作品时，已经 30 多岁了。

战玉冰：关于埃勒里·奎因的小说，你似乎更喜欢他后期的作品，为什么？

呼延云：首先，奎因早期的"逻辑流"我也非常推崇，比如《希腊棺材之谜》《Y 的悲剧》《半途之屋》《荷兰鞋子之谜》，等等，特别是《希腊棺材之谜》和《荷兰鞋子之谜》很早就有中文译本，我最初接触的是他的这两部作品。

战玉冰：对的，这两部小说在改革开放初期就分别由群众出版社和辽宁人民出版社翻译引进了。

呼延云：我小时候读的这些侦探小说，大部分的侦探都是具有一定神性的，包括奎因早期作品中的侦探，近乎全知全能、无案不破。所以我后来开始读奎因后期的作品，比如《凶镇》《十日惊奇》和《九尾怪猫》，第一感觉是原来侦探也会犯错，也会失败，也会品尝绝望和痛苦。这给我带来的阅读冲击感是很强烈的。

我认为像福尔摩斯这样的侦探形象之所以那么迷人，是因为他其实昭示了启蒙运动以后，人文主义和科学精神必胜的这样一种信念。本格推理小说中侦探所代表的始终是智慧和正义。他无论怎样，遇到什么困难，最后都必将战胜愚昧和邪恶。但是奎因后期的作品不是这样，它为我们展示了一个"二战"之后的世界图景，比如说"娜拉走后怎样"，出门可能就是踏入新的深渊；启蒙以后又会怎样呢？唤醒的可能是人性中更大的恶。所以奎因就提出了这样一个问题：再伟大的侦探，即便你能破获一起谋杀案，但是当面对集中营这样的血腥屠杀时，也是束手无策的。所以这里面表达的是对侦探小说所塑造的神性的一种否定，其中包含了一种对时代造成的巨大悲剧的无奈。

我们往往以为人的站立需要神的扶持，但真正的人的站立往往是随着神的倒塌而实现的。我在奎因后期的作品中，发现随着小说中神性的倒塌，不但没有泯灭掉人性的光辉，反而让这种人性的光辉更加闪耀了，比如我们看《九尾怪猫》之后的奎因作品，侦探明显变得老练、从容，没有年轻时那种自视智慧、骄狂的表现，而且在面对因为命运捉弄而犯下罪行的凶手时，更多了一分悲悯的感觉。我认为他其实是认识到了自身的有限性，但并没有因为这种有限性而放弃探索真相的责任。就像罗曼·罗兰说的，真正的英雄主义是"看清生活的真相以后依然热爱生活"。而我读到奎因后期的这些作品时，大概是2004年到2006年的事情，当时还没有开始写推理小说，写作纯文学的梦想已经破灭了，从雄心万丈一下子变得心灰意冷，于是我开始重新审视自己，我当时的生命主题就是：理想破灭之后该怎么办？奎因后期的这些作品带给那时的我很大的共鸣。尤其是他前期创作"逻辑流"推理小说是一个"造神"的过程，后期他亲手推倒了自己造的神，从而成了一个真正的人文主义者。这个转变在推理小说史上是绝无仅有的，因此我对他抱有巨大的敬意。

战玉冰：真是特别好的一段人生阅读经历。那除了欧美、日本的推理小说，有其他文学作品对你后来的创作产生影响吗？

呼延云：我自己的一个总结是，"70后"作家和"80后"作家的阅读经验非常不同，构成了两代人之间不同的文学底色。我自己的阅读经验和文学底色主要来自三个方面：首先是"十七年文学"，我小时候读了很多；其次是苏联文学，比如西蒙诺夫、法捷耶夫、肖洛霍夫、田德里亚科夫等人的作品，还有就是托尔斯泰的作品，其中有不少战争小说和惊险反特小说，比如《这里的黎明静悄悄》和《"涅曼"案件》；最后就是从"伤痕文学"到《白鹿原》这一段的中国当代文学，再之后的作品接触的就不多了。

这样的底色就决定了我们这一代人的写作和后来的"80后""90后""00后"作者有着非常不同的气质。比如"80后"的推理小说作家可能更喜欢一种比较细微的生活观察，而"70后"作家则比较喜欢宏大叙事的作品，注重场景描写，这是典型的苏联文学的特点。对于带有一点理想主义和恢宏时代感的东西，我天然感到亲切。

战玉冰：苏联文学有着强大的现实主义文学传统，他们的反特惊险小说也是如此，和欧美、日本的推理小说或犯罪小说气质完全不同。

呼延云：是的，我觉得苏联小说非常沉得住气，比如《"涅曼"案件》后面三分之一的部分，有大概十几万字，就是在写三个苏联侦察员在面对三个疑似德军间谍时的心理活动，想在人力对等的情况下，能不能获胜，万一自己牺牲了，老婆、孩子如何生活下去，等等。这样的心理描写其实写的是整个二战前后，苏联所有的普通家庭所遭遇的历史悲剧，我从来没有在如此纯粹的心理描写中感受到这样的惊心动魄。

又比如日本作家横山秀夫讲究"一笔入魂"，很多欧美悬疑犯罪小说作家通过不断制造情节"反转"来形成紧张、刺激的阅读感受。但苏联小说并不是这样，它整体节奏很慢，在很长的一个篇幅里面，漫不经心地铺陈场景、人物、对话，然后在不知不觉间让人感到事件发生的必然性以及结局的必然性。比如《这里的黎明静悄悄》，小说很多篇幅就是在刻画准尉和女战士们日常生活的一些场景，但后来事件发生时你会发现，最后每个战士的结局，包括军官的结局，都是由前期这样一个长期的铺垫所造成的，有种俄狄浦斯式的宿命感。苏联文学和俄国文学在我个人写作风格形成的过程中，是起了至关重要的作用的。

战玉冰：非常有意思，我大概能感觉到你小说中的现实主义风格和那种信念感的来源了。

"无采访不创作"

战玉冰：你在写作推理小说出道之前，写过一部六十万字、体量相当大的青春校园小说《毁灭》，可惜后来没有出版。这部"少作"对你后来从事推理小说写作有什么影响吗？

呼延云：说影响的话可能有两方面吧，一个是对于长篇小说结构布局上的历练，在经历过一场六十万字的大仗之后，再去写一部三四十万字的作品，会相对而言没有那么大的压力，肯定比第一次写长篇要好很多。另一个就是，我当时是 23 到 25 岁的年纪，在工作之余写的这部小说，除了报社工作，几乎所有的时间精力都用在这上面了，相当于我在这个作品上投入了最美好的青春年华。但后来出版遭遇了滑铁卢，退稿信一封接着一封，导致我一蹶不振，之后 6 年的时间都没有写作。等到我重新开始写小说的时候已经 31 岁了，就是开始写《嬗变》的时候，小说里那种愤怒、绝望、扭曲的畸形情绪，以及主人公从充满理想到走向沉沦，然后自暴自弃的人生体验，其实就是《毁灭》出版失败之后 6 年里我自己情绪的一个写照。

战玉冰：第一部小说《毁灭》的出版没有成功，导致你在《嬗变》（河南文艺出版社，2009 年）中呈现出那种激愤的状态，不管是语言形式还是情绪表达，都能感觉出那种愤怒感，甚至我觉得《嬗变》里对于感叹号等标点符号有些"过度"的使用，也与此有关。一定程度上你是把自己当时被压抑多年的一些情感，在小说里面进行了彻底的释放，有着自我代入的意思。

呼延云：是的，是的。

战玉冰：那你长达 18 年的记者经历对你的小说创作有什么影响吗？比如你所说的"无采访不创作"的原则，写小说首先要做好案头的工作，这也是很多作家都会做的功课。同时我觉得现实生活中的"记者"和推理小说中的"侦探"，以及你小说中所发明的"真相推理师"这几种职业身份之间本身就具备了某种相似性，他们都有某种探求"真相"的渴望。我们说侦探当然是"真相推理师"，记者又何尝不是另一种"真相推理师"呢？

呼延云：我从事记者工作有两个阶段，第一阶段是从 2000 年到 2010 年，当时在《人民日报》下属的一份健康生活类的报纸工作。离开之后还在其他的杂志、媒体也担任过一段时间的新闻记者。我在做健康生活类报纸工作的时候，担任的是一个重大新闻报道版面的编辑，那十年正是中国经济快速发展的黄金时期，健康被大家越发重视，而且健康的理念和范畴不断地扩大，延伸到社会生活的很多领域。所以当时包括"非典""三聚氰胺奶粉"这样一些重大卫生事件的新闻报道，我都参与了策划和编辑，有的也参与了采访。这段经历对我是一个很大的历练。比如怎样采写批评性报道，怎样识别信息源的真伪，怎样和正反两方面的受访对象去接触，怎样获取有效的材料和证据，都在这一过程中得到了学习和锻炼。

我小说写作中很多的素材也是来源于工作过程中积累的经验和知识，比如《破镜》中的"渐冻人"，《黄帝的咒语》中的中西医之争，《不可能幸存》中的保健品骗局，都是之前在工作中接触和了解的东西。实际上正如你所说，记者和侦探的工作有很多异曲同工之处，它们都是一种走进现场、接触当事人，根据一定的证据来判断真伪，然后发掘真相的工作，所以媒体工作的这段经历对我确实是影响很大的，而且在后来为了小说写作而进行的采访当中，之前的工作经验也都起到了很重要的作用。

战玉冰：相比很多国内年轻一辈的推理小说作家，你创作生涯开始得比较晚，这种"迟到的出道"对你的写作有没有什么影响？

呼延云：有的，我自己的感受是，当你年轻的时候，还对青春梦幻有想法的时候，可能会去写本格推理小说。而像我这样早已走入社会的人，在题材和风格的选择上就会很不一样。

战玉冰：就是"本格"或"新本格"更多还是一种青春的，或者叫幻想的文学，而"社会派"是一种偏现实性的文学，更需要某种社会的历练，或者"社会的摧残"，然后才能有这样一种认识和写法。换句话说，可能因为你写作的时间起点比较晚一些，所以反而导致了你的"社会派"倾向，可以这么理解吗？

呼延云：是的。

将志怪、公案故事融入推理小说

战玉冰：2015 年之后，你在《北京晚报》、"澎湃新闻"等媒体开设《叙诡笔记》《春明叙旧》等专栏，后来将这些文章集结成《中国古代异闻录》，你大概是什么时候开始对这些古代笔记、传说，或者志怪故事发生兴趣的？

呼延云：我家里古籍藏书很丰富，我从小在家里就经常翻这些古代笔记。但我真正喜欢这些笔记还是因为一种质疑精神，其实就是喜欢跟正史"抬杠"，寻找里面的破绽。尤其是不同的笔记对同一个历史事件有不同的记载时，就互相比对，探究真相，有一种自己是历史侦探的感觉。

战玉冰：这种古代笔记很多时候也都是互相传抄，离事件发生最近的那个可能是真实度最高的。后来的就是根据之前的笔记不断"添油加醋"，很多时候还加入一些超自然的、道德教化、劝贤进谏的内容，是一个故事不断生长的过程。

呼延云：对的，往往越抄越假。比如我关注过明朝天启年间有个"王恭厂大爆炸"的事件，最接近这个事件发生时的一个笔记是《酌中志》，它估计当时真正死亡的人数只有几千人；到1626年《天变邸抄》的时候，写的是人以万计；到计六奇编写《明季北略》的时候，死者则变成了两万多人。

战玉冰：你的一部小说《乌盆记》（中国友谊出版公司，2015年），在题目上就致敬了古代一个传说中的著名案件，我最早在《包公案》里看到过这个故事，简直是童年阴影。故事讲一个人被焚尸、碎尸，然后其骨灰和土被烧成乌盆，后来这个盆还被另一个人当作小便的溺器来使用，于是死者化身的乌盆愤愤不平开始叫屈。你为什么会想到在一个现代题材的小说里化用这个古代故事？

呼延云：我最早接触的《乌盆记》是京剧，我也认为《乌盆记》是京剧当中最诡异和恐怖的故事之一，类似的还有《杀子报》和《探阴山》。而具体写《乌盆记》这部小说则是出于一次和朋友去北京郊区钓鱼的偶然事件，以及结合当时媒体正在报道的黑煤窑问题，就想到了整个故事的设定和核心诡计。

我非常喜欢传统戏曲，不仅是京剧，还有评剧、越剧、黄梅戏、秦腔等。我觉得很多中国传统文学作品道德教化的观念太强，反而是一些戏剧作品具有某种叛逆性，可以无视或者蔑视一切礼法，尽情展现人性中最美好、真实、自由、解放的东西，比如《牡丹亭》和《桃花扇》，所以我的小说经常会从中取材，包括新星出版社出版的《空城计》。

战玉冰：确实，你的小说创作中融入中国古代文化元素的尝试还是很多的，除了刚才聊的《乌盆记》之外，还有比如《破镜》中大量关于古代铜镜的描述；《黄帝的咒语》和《黄帝内经》等古代医书之间的互文，以及将中医望诊作为小说诡计；《空城计》小说名即化用同名京剧，并且小说里直接出现了《我正在城楼观山景》这一段的唱词……你觉得这是一种将推理小说本土化的努力吗？

呼延云：是的，但这并不是唯一的本土化努力方向。我觉得如果用三个字来概括最近二十年中国原创推理发展的方向，就是"本土化"。但本土化不一定是在推理小说中加入中国古代文化元素，我甚至觉得拟南芥的《百妖捕物帐》这种和风推理其实也是一种本土化。所谓推理小说"本土化"，归根结底是为了让推理小说更好地适应中国读者，而在小说中融入哪种文化元素都可以，当今中国读者审美本身也是很多元的。

战玉冰：那你觉得像你这样将中国古代公案、志怪故事借用到现代推理小说写作中，遇到的最大困难是什么？

呼延云：还是两种思维方式的根本不同。中国古代公案小说，比如《包公案》《施公案》《海公案》《狄公案》，其中案件大同小异，更多是一种直觉性的思维方式，而侦探小说强调的是理性逻辑的思维方式。

战玉冰： 是的，公案小说更多是一种关联性思维，简单说就是把人看作一个小宇宙，把天地看作一个大宇宙，两者之间存在某种对应性关系，所以才会有所谓"因果报应"，你今天做了什么坏事，未来上天会惩罚你；而侦探小说讲的是逻辑性思维，强调的是因果逻辑、环环推理。

呼延云： 是的，这可能是两者最根本的不同了。

战玉冰： 说到中国古代历史文化和推理小说写作的结合，现如今国内广泛意义上的推理小说写作中，也有一股很强的"古风推理"写作风潮，就是直接将故事发生背景放置在古代历史时空当中。从最早的像高罗佩的《大唐狄公案》这样的小说，到后来冶文彪的《清明上河图密码》，马伯庸的《长安十二时辰》，包括影视剧改编也很成功，像《少年包青天》《大宋提刑官》《神探狄仁杰》，等等。那你有想过尝试这样的创作吗？

呼延云： 古风悬疑和推理确实是一支已经突起的异军，在我们这样一个历史文化传统如此悠久的国家，每段历史都有它的迷人之处，以此作为创作的源泉，肯定是一个富矿。不过我自己还没有这方面的创作计划，还需要再慢慢积累。

"通过波浪的起伏透视整个大海"

战玉冰： 沿着你的创作历程来看，有一个很有意思的现象，我觉得你的每一部小说其实都对应了当代中国某个时期的社会问题，比如《嬗变》之于学校和家庭教育，《镜殇》之于文物走私与拍卖黑幕，《不可能幸存》之于保健品消费骗局，《黄帝的咒语》之于中西医之争和人体器官贩卖，《复仇》之于青少年犯罪，《凶宅》之于房地产经济所引发的社会问题，《扫鼠岭》之于未成年人性侵问题，《空城计》之于医患关系矛盾，这样一种不同的小说与不同的社会问题之间的关联，是有意为之的关注和写作吗？

呼延云：肯定不是有意为之的。我自己写一部作品，在选择和确定这个作品的题材时，并不是我选择了这个题材，而是这个题材感动了我，最终才成为这样的作品。当然，这也和我十八年的记者从业经历有关，会更广泛、更深入地去接触社会现实。

我的创作理念之一是，凡是作品涉及社会问题，我一定会对其犯罪行为的产生进行社会溯源，哪怕是一次激情犯罪，也一定有其背后的社会结构性因素。在这方面，杜鲁门·卡波特的《冷血》对我影响很大。用一句话来描述这种创作理想，就是"通过波浪的起伏透视整个大海"。

战玉冰：在你的创作历程中，2017 年出版的《复仇》是一个重要的转折点，如果说《复仇》之前的作品更偏向本格，之后的作品就会以更为积极、主动的姿态用推理小说来书写社会现实，特别是像《扫鼠岭》《空城计》这样的作品，这样的转变是如何产生的？

呼延云：一方面，我自己总结自己的小说创作，大概是偏"本格"与偏"社会"的写作交替进行。比如《嬗变》有点"社会派"的东西，《破镜》就比较"本格"；《不可能的幸存》偏"社会派"，《黄帝的咒语》就"本格""社会"兼有一点；接下来《复仇》偏"社会派"，《凶宅》

就又比较"本格"一些；《扫鼠岭》比较"社会派"，《空城计》就又回到一点"本格"的色彩。另一方面，的确如你所说，《复仇》是我推理小说创作开始进入第二阶段的一个标志，整体上更加偏"社会派"了，我觉得其中的根本原因还是自己成长了，和社会各个层面的接触更多了。

战玉冰：除了从"本格派"到偏向于"社会派"的转变，我觉得你早期的推理小说中会有一些超现实的，或者说幻想性的人物设定或推理组织等内容，而这些在你后来的小说中都被有意淡化了，直至消失不见了。

呼延云：对的，很多读者看我早期的作品，会觉得很"中二"和"玛丽苏"。我当时这么写是为了和公安文学作区别，所以加入了一些类似于"四大推理社团""皇族血统"这样的超现实设定。后来发现这样的人物设定和故事发生的现实背景之间存在巨大的撕裂感，就把它彻底去除了。同时我也发现，想让自己的推理小说写作区别于传统的公安文学，根本上并不在于人物设定方面，而在于具体的写法方面。

战玉冰：那你近两年提出的"本格派为体，社会派为魂"这一主张，是想对这两条创作路径做某种调和，或者说融合吗？

呼延云：我觉得与其说是一种融合，不如说是一种回归。在柯南·道尔、阿加莎·克里斯蒂的时代，不存在"本格派"与"社会派"的区别，他们都既是"本格"的，同时也是"社会"的，这种区分其实是后来推理小说发展壮大之后才产生的不同发展路径。

战玉冰：那你觉得推理小说发展到今天，两种流派之间是否存在某些根本性的矛盾？

呼延云：如果说存在根本性的矛盾，那我觉得其中最大的差别来自设谜和解谜的方式，这一点决定了你到底是"本格派"还是"社会派"，前者可以有天马行空的诡计，然后有围绕破解诡计展开的逻辑推演，实际上具有超现实的色彩；后者从描写案件到最后破解，一切必须都是现实主义的。我觉得这是两者间最根本的区别。

战玉冰：我感觉这两个流派在今天的分歧其实是在不断加剧的。

呼延云：是的，随着时代的发展，这两个流派之间的分歧越来越大。我觉得这有两个原因，一个是刑侦科技在不断地发展，另一个是社会现实的多元化和复杂化在不断地加剧，这导致在"本格派"中可以出奇制胜的谜团和诡计，在"社会派"的现实环境中往往无法成立，甚至现代刑侦科技瞬间就把它破解了。但也不是说二者不可调和，东野圭吾的《嫌疑人 X 的献身》和横山秀夫的《昭和六十四年绑架案》就都是将"本格派"与"社会派"融合得非常好的作品。我自己也在尝试这方面的融合，总结我自己的一个创作经验，就是"细节决定局部，局部决定全局"，我会通过细节上的一些高度真实性，努力让读者忽略一些设定上的不合理之处，在现实社会的空间之下，为本格谜团的设定留下足够的空间，从而将两者结合起来。

战玉冰：感觉很有意思，能具体举例子展开说说吗？

呼延云：比如《空城计》，我先设定了一个百万人口的城市，一座大桥出事了，新旧城区之间的交通就彻底断了。警力不足的时候，防务权就交给了综合治安办公室。这在现实中可能吗？完全不可能，但是小说的背景必须做这样的设定，不然谜题就没法成立。那这种情况要怎么办呢？我的解决办法是在前期通过大量描写儿科急诊的细节，在诊疗方法、医疗体制、医患矛盾的书写上尽力追求真实，让读者相信并认可我所设定的儿童医院这个空间环境，这个局部是真实的。然后通过一系列高度紧张的剧情抓住读者的眼球，让读者忽视或者说谅解我刚才说的那些全局设定上的一些不合理之处。这样最终呈现的效果，就是在一个强悍的"社会派"设定之下，完成一系列"本格"解谜的过程。尽管也有一部分读者觉得它还是存在一些"失真"的问题，但是绝大部分读者还是认可这种尝试。所以我自己的创作感受就是，假如你想写一个"社会派"推理小说当中的"本格"故事的话，你把"社会派"的细节做得越好，那么"本格派"在其中可以发挥的余地就越大。

战玉冰：我明白你的意思了。我之前看到一个读者评论《空城计》这部小说，说这本书表面是"社会派"，其实还是"暴风雪山庄"的故事，小说中封闭的医院空间，其实就是推理小说中的"暴风雪山庄"或者"孤岛"，我觉得这个观察非常具有洞见和创造性。

当然我们也可以反过来理解这部小说，这个读者评论看到了小说《空城计》中医院空间封闭性的一面，但这里相对封闭的医院又是坐落在具体的现实生活之中的。换句话说，我们一般说"暴风雪山庄"模式，进入山庄的人彼此间其实不存在什么具体的社会关系，大家到最后就是杀手与被害人、侦探与罪犯之间的关系。而在《空城计》的医院中，还是有着非常丰富的、具体的医生与病人、"医闹"、医患与医生之间的种种社会关系，我觉得这可能也是把"本格派"和"社会派"相结合的一种方式，或者说是用"社会派"来改造"本格派"的一种尝试。

呼延云：是的，这个说法也很有意思。

战玉冰：最后一个问题，从 2009 年第一本推理小说《嬗变》出版至今，十几年的创作时间，九部长篇小说的创作数量，但你一直都在耕耘同一个系列——就是呼延云作为侦探的系列，作者的笔名和小说里侦探的名字也是一样的。为什么会特别偏爱这个系列？有没有考虑过创作一个新的系列？

呼延云：怎么说呢，我觉得可能根本原因就是我比较念旧，每次写新书，就想把几个老朋友聚到一起，喝喝酒、聊聊天，就是这样的一种感受。如果这本书里面有一些老朋友没来，那么就在下一本书中再见。所以写来写去，就有难以割舍的这样一种情结在。后来写得久了，很多读者朋友也产生了这样一种感受，其实这些人物某种程度上也是在给我自己的创作保驾护航，所以我估计还会继续把这个系列写下去。

访谈时间：2023 年 11 月 19 日

陆秋槎：
表达一种复杂的正义观

陆秋槎

曾为复旦大学推理协会会员，现旅居日本金泽，代表作有《元年春之祭》《当且仅当雪是白的》《樱草忌》《文学少女对数学少女》《悲悼》等。

在小说《悲悼》中，女侦探刘雅弦包里随身带着打架用的黄铜指虎、柯尔特左轮手枪，还有一张调查人的照片，不断出入于富豪宅邸、教会女校、贫民窟、底层赌场、舞厅、妓院等场所，和三教九流打着交道，偶尔还会被人暴打于街头，或者直接投入监狱之中……这是一个典型的雷蒙德·钱德勒笔下菲利普·马洛式的"冷硬派"侦探，或者按照作者陆秋槎自己所说，刘雅弦所致敬的是罗斯·麦克唐纳笔下的卢·阿彻。

将一个诞生于上世纪三十年代美国文学与电影中的"冷硬派"

侦探故事嫁接到同一历史时期的中国，会产生怎样有趣的化学反应（也包括排异反应），构成了我们理解陆秋槎小说创作的某种隐喻。从小说《元年春之祭》中的将一起连环杀人案和汉代人们关于屈原是否是巫女的讨论相结合，到《当且仅当雪是白的》中的校园推理和雪地密室，从《樱草忌》中对于女性心理的刻画，到《文学少女对数学少女》中将费马大定理和推理破案合二为一，再到《悲悼》中活跃在民国时期的"冷硬派"女侦探……陆秋槎的每一部推理小说写作都在尝试不同的风格和流派写法，这和当今推理小说作家更喜欢抱定一种风格，甚至不断写"系列作"的创作思路完全不同。

我们很难在中国当代推理小说的创作脉络中来定义陆秋槎的写作，而似乎更适合在日本当代推理小说与二次元文化的谱系里来追寻他的创作资源，比如三津田信三、麻耶雄嵩、加纳朋子、米泽穗信等日本推理小说作家就都构成了重要的"影响的源头"。与此同时，陆秋槎又是一个自我意识非常清晰的写作者，如果去读他每本小说的"后记"，会发现他对每本小说的流派风格与影响继承都有着高度自觉的体认。

陆秋槎长年旅居日本，身处日本推理小说创作第一现场，同时又面向中国推理小说作者和读者进行写作，这使得他自觉担任起中外推理小说文化"采珠人"与"摆渡人"的特殊角色，而这样的写作实践与自我挑战，对我们今天拓宽国产推理小说的类型边界还是具有积极意义的。而值得进一步思考的问题是，"冷硬派"、二次元、"密室杀人"，乃至逻辑谜题等不同文化现象或文学形式的出现，背后都有其各自的历史逻辑与必然性，如何将其和中国当代社会，或者民国，乃至汉代的具体历史进程相结合，症结性难题可能不仅在于对形式本身的继承，更在于对形式所做出的改造。

他在访谈中多次谈到对复杂思考与自由表达的追求，推理小说应该具有承载更多内容与形式的能力，同时探索人的理性与非理性世界，而不应该仅仅沦为某种伸张正义观念的"爽文"，这些观点我都深表赞同。这可能也正构成了陆秋槎推理小说中不断流露出的对"昨日的世界"的怀旧情绪，而这种怀旧中隐约包含着我们所期许的某种未来。

——采访手记

"推理迷的青春"

战玉冰：先来谈谈你推理小说创作的起点。你在复旦大学读书期间就是"推理社"的成员，我知道日本很多推理小说作家在读书时都是学校推理社的成员，相当于校园推理社的社团活动和社刊创作为他们后来走上职业作家的道路打下了很好的基础。比如绫辻行人在出道前就是京都大学推理小说研究会的成员，最近两年非常火的白井智之，在日本东北大学读书期间，也加入了学校的"SF·推理小说研究会"，你觉得国内高校的推理社团发展状况如何？是否也起到了类似的培育作家的功能？

陆秋槎：复旦推理社成立于2009年，我在社团里待的时间还真的是蛮长的，大概有六年的时间，一直到我2014年硕士毕业。大学推理社团的那一段生活经历对我后来从事小说创作肯定是有积极意义的。

当时复旦推理社也正处于草创期，里面都是推理谜，除了在社内、校内举办一些活动，我们也会去参与一些 BBS 高校推理大赛，大家互相写谜题，邀请其他学校的推理社同好去猜。关于推理社团对我的影响，我可以举一个具体的例子。我出国之前，读日系推理的时候，会看到其中很多关于推理社团的描写，比如绫辻行人的《十角馆事件》、有栖川有栖的《月光游戏》，等等。如果没有大学推理社团经历的话，我对这些内容还是会觉得挺陌生的。但是当我自己亲身参与过（社团）之后，就能理解里面所描绘的所谓"推理迷的青春"。我最初在杂志上发表的短篇基本都是"作中作"的形式，带有一种推理社团内部"猜凶手大会"的感觉，比如我的第一个短篇《前奏曲》，以及《文学少女对数学少女》中的《连续统假设》和《费马的最后一案》这两篇，就都是"作中作"的风格，这也算是社团经历对我的影响吧。

战玉冰：当时你们还办了一本社刊《推理学导论》。

陆秋槎：对的，那是我在社团的时候，和第二任社长一起做的社刊。

战玉冰：复旦推理社刊在国内高校应该算起步比较早的了，到现在已经出到了第十卷。后来越来越多的高校都推出了自己的推理社刊，比如北京大学的《阒》、北京航空航天大学的《玄鹄馆》、上海交通大学的《过去之书》《未来之书》、西安交通大学的《猫眼》、武汉大学的《夜行》，以及最近浙江大学的《求是集录》，等等，感觉同学们的创作热情还是挺高涨的。

陆秋槎：实际上除了少数几所大学，仅凭自己本校的创作就能够撑起一整本社刊，其他大部分学校的社刊都是需要对外征稿的。

战玉冰：不过社刊的好处还在于，可以给新人一个发表的平台，给大家一个写作的希望，让新人的作品能够被大家看到。尤其是现在国内推理杂志纷纷停刊的情况下，年轻人想要尝试写推理小说，除了直接贴在网上，社刊是一个不错的发表渠道。

陆秋槎：算是给大家一个督促和鼓励吧。

战玉冰：你后来旅居日本生活和写作，你觉得日本推理小说当下发展的情况如何？我自己的感觉是一方面日本推理小说发展得很繁盛，每年新作家、作品层出不穷，榜单、奖项、影视改编都很热闹；另一方面"新本格"的兴起似乎又将推理小说带入了某种小众文化的场域，有点变成了某种亚文化现象，你有这种感受吗？

陆秋槎：会有，任何一个东西，任何一种艺术形式，最后都会有慢慢精细化，乃至形骸化的过程。随着它的发展，一开始可能还是雅俗共赏的，慢慢就开始分化。一方面是因为某些基本的技巧不再独属于这种艺术了，像推理小说里的反转、叙述性诡计、伏线回收、意外性的制造方式，等等，这些东西逐渐渗透到其他的各个领域，比如现在很多恋爱小说或是科幻小说里，也运用了类似的叙述技巧。这些技巧原本都来自推理作家的发明和探索，但当它们发展成熟之后，就不再独属于推理小说了，而是像筒井康隆说的，形成一种"浸透与扩散"。另一方面，还留守在这个艺术阵地的人，就只好不停地追求更加精细化的东西，所谓"不疯魔不成活"，只有这样才能和其他艺术形式区别开来，宣告自己的正统性。所谓"本格推理"，"本格"在日语中就是"真正、纯正"的意思。但是当作品的创新点越来越刁钻，肯定会带来受众越来越小的问题。其实推理也好，科幻也好，乃至其他类型小说，都经历了这样一个过程。

战玉冰：你的观察和描述很有意思，就是类型边界的融合和对类型边界的强调，两种现象是同时出现的。一方面，推理小说类型的边界在不断被稀释，另一方面，也有很多人更加强调"本格"，并将这种主张推演到极致。

陆秋槎：对，还有就是推理小说是个比较依赖点子、依赖创新的类型。但是说实话，比较容易被大众接受的点子，已经基本上被前人写得差不多了，所以如果再想要创新，想要和前人不一样，难免要走上险怪的路子。

拿流行音乐来打比方，我们听 20 世纪 90 年代的流行歌曲，会觉得这些歌朗朗上口，旋律都很简单。可是，如果现在再来写一首旋律很简单的歌，就很有可能和前人的作品撞车。说回推理小说，一个特别简单、特别好理解的诡计，十有八九已经有人写过了。如果我想写得和前人不一样，就只能写得越来越复杂、另类。历史的积累导致创新越来越困难，而推理小说这个门类又要求一定要创新，所以就逼着作者越写越小众。

写推理小说是源于对"昨日的世界"的怀旧

战玉冰：你走上职业作家的道路之后，在中文领域一共出版了五本书，但在我看来，你这五本书彼此之间的差异都非常大，几乎每一本都在挑战一种新的类型和写法，这是一种刻意为之的结果吗？为什么会想要做这样的一种尝试呢？

陆秋槎：也不算是刻意为之，我就是想到了就写，可能因为自己读书比较杂，喜欢的东西也比较多，所以最后每本书呈现出来的结果就差别很大。但有一点我是有意为之，就是我认为中国推理业界的眼界需要更开阔一些，我希望能通过自己的创作，将一些不同的推理小说类型、风格介绍到国内，也可以说是一种本土化的尝试吧，希望能用我自己的写作去填补一些空白。比如说《元年春之祭》很接近于"民俗推理"，像横沟正史、京极夏彦、三津田信三的谱系。《当且仅当雪是白的》是结合了逻辑推演的"校园推理"。"校园推理"在国内虽然有很多人写，也有很多人喜欢，但一直发展得不太好。《樱草忌》受到了米泽穗信和加纳朋子等作家的影响。米泽穗信的作品有一种很阴冷的氛围，他和作品中的人物保持着一种疏离感，国内很少有作者以这样的方式写作。最近的这本《悲悼》是对美国"冷硬派"大师罗斯·麦克唐纳的致敬，小说中女主角刘雅弦这个名字，便是脱胎自麦克唐纳笔下的"Lew Archer"（卢·阿彻）。

战玉冰：你是想通过自己的推理小说创作来补足国内推理小说类型上的一些缺失。

陆秋槎：是有这样的想法。现在国内推理小说创作中，"本格派"与"社会派"的声量太大了，甚至我们的"本格派"也多半是"少年金田一"的那种风格，这就导致其他的各种创作风格都处于某种被遮蔽和被压抑的状态。有读者形容我的小说是"月球背面的推理"，是在一些国内被遮蔽的推理小说类型领域中进行创作。我更希望自己的创作能像采珠人一样，从类型小说的历史中发掘一些有价值的东西。

战玉冰：那我们来具体聊聊你的几本小说。你在第一本小说《元年春之祭》的"后记"中写道："我并不相信这世上会有第二个人与我有同样的知识构造与恶趣味，所以才自负地宣称这世上再不会有一本《元年春之祭》这样的小说，于《汉书》与群经稍稍下过些功夫，对西方哲学有那么一点兴趣，同时奉三津田信三与麻耶雄嵩的作品为推理小说的极则，最后——或许也是决定性与毁灭性的——这样一个古典学与古典本格的狂信者又向日系动漫（A. C. G）文化出卖了灵魂。"我觉得你这段自我概括很有意思，你一方面是复旦大学古籍所古典文献学专业硕士，另一方面又是古典本格推理小说的拥趸，同时还是日系动漫、美少女文化与百合小说的爱好者，确实只有这样的知识构成才有可能写出《元年春之祭》这样的"奇书"——我这里说的"奇书"不带褒扬或贬低含义，只是说这本书如你自己在"后记"中所说，的确非常特别。我很好奇，这多少有些"分裂"嫌疑的兴趣爱好是怎么产生的？以及你为什么会想要把这些元素放置在你的推理小说中？

陆秋槎：说到我的这些兴趣爱好的产生，更多的是时代的原因吧，我们每个人都只是其中的一分子，没有办法跳出自己所处的时代。我成长的那个年代恰恰就流行这些东西。但具体到《元年春之祭》这部作品，会呈现这种杂糅的局面，还是因为当时的创作技巧太差了。那个时候的我，单拎出任何一个方面我感兴趣的东西，或者是我研究的东西，都不足以撑起来一部十万字左右的小说，所以我被迫把我知道的所有东西都塞进去，才勉强把它撑到长篇的体量。如果简化小说里面的三重解答、两次挑战读者，或者删掉里面炫学的部分与少女之间的复杂情感关系，都无法满足一部长篇小说起码的字数要求。

战玉冰：你这么说还是太谦虚了。我们刚才聊到你中文出版的五本小说几乎一本一个风格，但我还是忍不住想要在你的创作中找到某种共通性的东西，那种贯穿你创作始终的内核。我的感觉是，在推理小说中"炫学"是你的作品一直以来的一个特点，只是相比起来，早期小说中的炫学和小说故事情节之间多少有些割裂之嫌，在你之后的小说中，二者之间的融合度越来越高了。比如《樱草忌》的标题来自法国象征主义诗人弗朗索瓦·耶麦的诗集名称"樱草的葬礼"，同时套用了太宰治"樱桃忌"的格式，这就不仅是一种单纯的炫学，而是小说中所表现出来的那种颓废和压抑的感觉，本身就是和太宰治小说的风格密切相关的。换句话说，你后来在小说中展示的知识越发构成了对小说本身而言有益的组成部分，和小说叙事乃至风格本身融为一体，你怎么看待自己小说中的这样一种写法？

陆秋槎：一方面，我的写作存在一个分水岭，大概就是在《当且仅当雪是白的》和《樱草忌》这两本书之间。《元年春之祭》和《当且仅当雪是白的》，也包括《文学少女对数学少女》中的前两篇，它们都是比较谜题化的，是那种很纯粹的本格推理。《樱草忌》之后，我开始更多追求小说层面上的东西，会花更多的精力去写小说，而不是去写谜题。所以《樱草忌》和《悲悼》中推理的部分越来越简单，但花了不少笔墨去构建人物和故事背景。同时，"时代"这个因素占的比重越来越大了。在《悲悼》和我的一些科幻小说里，时代几乎就是个隐形的主角。

另一方面，我觉得小说中的"炫学"，多数时候也并不是指真正的学问，而更接近马修·阿诺德所谓的"文化"，或者说是一种教养。你刚刚列举的作品里，确实有这么一个共通点，里面包含着我对"昨日的世界"的一种"乡愁"。特别是对没有智能手机、没有社交网络的那个时代，我有一种近乎乡愁的感觉。因为在我的中学时代就没有智能手机，网络也不是很发达，那个时代想看到新的东西，就会去读书，放学之后会去淘盗版 CD，背着家长用 DVD 机偷偷看电影。那一段时间确实学业压力很重，也有很压抑的地方，但是与后来的手机和网络时代相比，对我来说可能是一个更美好的时代，也是我的青春。因此，我对那样的"昨日的世界"抱有一种怀旧的情绪。之所以在小说中不停地引用经典，表现出教养主义的倾向，其实也是在表达对那个时代的怀念。它们都是"昨日的世界"的产物，在我们这个时代不会再有了。可能十几岁时接触到和沉迷过的东西，对一个人的一生影响都还蛮大的。

战玉冰：我理解你所说的怀旧，落实到你的小说里可能不一定指向某个具体的年代，因为你小说中的年代跨度也很大，有汉朝，有民国，也有当代。你说的怀旧可能更多指的还是一种对于过往记忆的姿态。

陆秋槎：是的。

关注手法、动机，还是时代？

战玉冰：我觉得你把从《当且仅当雪是白的》到《樱草忌》的变化当作自己创作生涯的分水岭，这个看法很有意思，我也很认同。

回到推理小说的范畴中，如果说你早期的作品更多关注的是犯罪手法问题，那么从《樱草忌》开始，你更多关注的是犯罪动机问题，而到了最新的一本《悲悼》，如你自己所说，手法、动机都不是最重要的问题了，时代才是真正的小说主角。

陆秋槎：对，但其实前面的作品也都有关于犯罪动机的讨论，我觉得动机是我一直追求的东西。不过确实从《樱草忌》开始，出现了很大的变化，如果说前面的小说是"正题"，从《樱草忌》开始就进入"反题"。或者说《元年春之祭》《当且仅当雪是白的》关注的是人的理性，《樱草忌》开始更关注人的非理性的一面。

战玉冰：就像你曾经说过，"深信推理小说能穷究人类的智识与非理性，自有其价值，不能为纯文学及其他小说类型所取代"，你是想在不同的作品中对这种理性和非理性分别展开探索，是这个意思吗？

陆秋槎：差不多，我追求的是一种知性和非理性之间的张力，想要把对这两方面的探索都做到极致。无论是诡计的设计也好，解谜的推理也好，都是一种极致的知性；而犯罪动机、背后的故事所展现出来的人性方面的东西，又是一种极致的非理性。推理小说作为一种可以同时把握这两者的小说形式，在我看来，就是最能完整地探索人类内在世界的艺术。这是我当时的想法，不过后来我在自我介绍里把这句话删掉了。

战玉冰：删掉是因为后来想法变了吗？

陆秋槎：可能是我觉得只探索人的内在世界，已经不够了吧，还是要再往外走一走。大概从我写科幻（小说）开始，我发现原来写的小说都是很抽象的，是关于人类知性和非理性的探讨，但是现在我更倾向于把角色放到时代中去。

战玉冰：所以就有了《悲悼》这本书。

陆秋槎：对的。

战玉冰：我自己的理解是，无论是关注犯罪手法与诡计，还是关注犯罪动机，无论是知性的人还是非理性的人，如你所说，都还是抽象意义上的人。可能需要考虑的是如何将小说人物和故事情节进一步历史化、具体化，放在某个具体的历史时空中展开推理故事。

陆秋槎：对，特别是像《元年春之祭》，甚至有一点去时代、去历史的倾向。

战玉冰：确实，特别是小说里汉代人物说着当下的话，甚至经常有一些二次元的表达方式，小说人物身份与人物语言之间会给人以一种割裂感，这一点在《元年春之祭》中还挺明显的。

陆秋槎：的确是的，当时我对写实主义有一种非常抵触的情绪。那个时候年轻，比较叛逆，认定推理小说就是要反写实，就是要打破写实主义的桎梏，所以刻意去破坏一些东西。其实我的初稿里面还有很多英文，就是打括号写一些英文。当时确实太激进了，没有怎么考虑这本小说是否可信，是否可读，更多的是想贯彻自己的理念，偏偏这又是一种有点"中二"的理念。

侦探小说中的"女性情谊"

战玉冰：除了"炫学"，我觉得贯穿你推理小说创作的另外一个特点是对于"女性情谊"的关注。强调"女侦探"和小说中的"女性情谊"是有着怎样的初衷和想法？

陆秋槎：我开始读日系原版推理小说，大概是在 2010 年前后，这个时代恰恰就是女侦探大爆发的时代。比如麻耶雄嵩的《独眼少女》，差不多就是在这个时期发表的。还有梅菲斯特奖，也推出了越来越多的以女侦探为主角的小说。"梅赏"出道的作家天祢凉当时接受了一个采访，标题就叫《为什么女侦探越来越多了？》，我的推理小说阅读与创作遭遇了这样的一个时代。至于为什么日本推理小说在这一时期出现了这一现象，可能和日本的 ACG（动画、漫画、游戏）文化与本格推理小说这两种亚文化的相互融合有关。继续追溯的话，大概在 2000 年左右，日本推理小说创作就有过一个"脱格派"的创作潮流，也可以说是"世界系"与本格推理小说的融合。这一潮流表现为很多推理小说作家去写轻小说，很多轻小说作家也开始尝试推理元素，二者间的界限越来越模糊。我也是在这股潮流之中开始自己的创作的。

不过我最新的这本《悲悼》和它们不是一个类型。虽然主角同样是一个女侦探，里面也有"女性情谊"的情节，但《悲悼》更多受到了欧美的所谓"女性私家侦探故事"的影响，和日本亚文化的联系已经很少了。可能也是因为我已经到这个年纪，没有那么"宅"了。

战玉冰：我自己感觉你小说中"女性情谊"比较触动我的是《樱草忌》，里面林远江的日记和叶获的视角都展现出了一种女性的内心感受，很细腻，也很压抑。正如你在这本书后记中所自陈的，这是受到日本"抑压推理"这一流派的影响，国内读者可能最熟悉的作品就是根据凑佳苗小说改编的电影《告白》。不过关于这篇小说，我也有一个问题，感觉两个女主角被表现得比较充分，相比之下，林远江母亲的角色就显得有一点单向度。

陆秋槎： 我觉得这是一个技术问题，因为《樱草忌》中所有的叙述都是以主角的视角展开，除了日记的部分，没有超出主角的视角。但不论是日记还是主角的视角，母亲这个角色都不太可能和这两个少女角色交心，所以她能展现出来的东西比较少，这是一个视角的问题。如果是更加成熟的作者，比如说若是凑佳苗来写，她可能还会再加上一条线，转到母亲的视角，或是转到母亲身边的人的视角，由此来展现配角，让她们更加饱满立体。但是我写《樱草忌》的时候，能力确实有限，我还驾驭不了这些东西。所以《樱草忌》是我长篇小说里最短的一篇。既然没有办法去展现母亲这个角色的更多侧面，索性就让她更纯粹一点吧。

推理小说中的形式问题

战玉冰： 除了关注推理小说中的人性、时代、历史等问题，我觉得对于推理小说作为一种文学类型的形式本身的讨论也很重要。在我看来，你的《文学少女对数学少女》就是在这方面非常具有探索性的一本短篇小说集。我觉得读一本短篇小说集和读一篇单独的短篇小说很不一样，它提供的不是一个故事，而是一组故事。拿听音乐来打比方，就像我们听专辑不同于听单曲，一首歌好对于一张专辑来说还不够，好的专辑需要有一种整体上的设计感，我觉得你的这本小说集就有着高度的设计感，每一篇都采用"作中作"的形式,配合对某一个数学定理的解读来讨论推理小说自身的形式问题,甚至有一点推理"元小说"的味道。为什么会想到用数学定理来写推理小说?

陆秋槎：其实主要就是受到了法月纶太郎的影响。法月纶太郎写过一篇《初期奎因论》,他在里面套用柄谷行人的"形式化"理论和数学中的"哥德尔不完备定理"这两个概念,来讨论推理小说内在的天然漏洞和缺陷。这篇评论的出发点就是数学。在我2014年写这部小说集的时候,法月纶太郎这篇文章在国内还不是很有名,所以就想着以自己的方式写一篇小说来介绍它。把法月纶太郎套用数学来讨论推理的方式,以小说的形式再现,结果就写成了《连续统假设》。为了写这篇小说,我去看了很多数学的科普书,在读书过程中又想到其他的梗,就构思了后面几篇小说,大概是这样一个过程。

战玉冰：用数学来讨论文学,还是很有意思的想法。

陆秋槎：其实数学对文艺的影响还真的蛮大的,比如说穆齐尔有一本《学生托乐思的迷惘》,里面就借用虚数这个概念来讨论青春。更著名的是美国作家特德·姜的《除以零》,还有意大利作家保罗·乔尔达诺的《质数的孤独》,这些作品都是套用数学来探讨人生。当然也包括《连续统假设》里提到过的博尔赫斯的《阿莱夫》。

战玉冰：我觉得数学中有一种高度形式化的清晰感和准确性,而这种清晰和准确本身就具有一种优美感。

陆秋槎：对,数学是一种高度抽象的东西,这种抽象或许揭示了某种宇宙的真理,所以能反过来形容很多具体的东西。

战玉冰：那你觉得推理小说中也有类似这样高度抽象的东西吗？

陆秋槎：推理小说远远没有数学那么抽象。我觉得大家喜欢上推理，最主要的还是因为它有悬念和意外性。随着阅读的慢慢深入，可能会发现里面还包含着一种高度的形式感。就像听音乐，一开始只关注旋律是否动听，后来才慢慢开始注意到和声、配器，乃至曲式。拿我自己来说，我现在对推理小说的各个方面都有自己的认识和理解，但是一开始还是被它的悬念和意外性吸引过来的。

"冷硬"是一种无奈的生活方式

战玉冰：聊聊你最新的这本《悲悼》吧，为什么会想写一本民国时期的、冷硬风格的女侦探故事？

陆秋槎：我觉得"冷硬派"和民国时期的关系有某种必然性。如果要写"冷硬"，就必须放在那个时代，因为那个时代可以有私家侦探。而要展现那个时代，又最好把主角写成一个私家侦探，因为这样一来她就能接触到当时的三教九流。我觉得这是互为因果、逻辑自洽的。而从文学史来看，在故事发生的 1934 年之前，达希尔·哈米特已经写出了他的所有作品，当时国内肯定有人读过这些书。

战玉冰：确实是有的，民国时期有一个作家叫姚苏凤，他就看过不少"冷硬派"的侦探小说，当时他把这个流派翻译成"杀搏结棍派"，这是吴语方言词汇，"杀搏"是"彻底"的意思，"结棍"是"厉害"的意思，合在一起就是"非常厉害"。但是当时中国作家确实没有什么人写"冷硬"风格的侦探小说。

陆秋槎：这可能是因为，"冷硬派"的正义观和道德观对于当时的中国通俗小说作者和读者来说太过超前了。一方面，哈米特小说中所展示的冷酷无情和非道德，当时的中国人不太可能接受。他们还是更容易接受 19 世纪的侠义观，像是福尔摩斯或者亚森·罗苹的那种侠义，而不是 20 世纪美国式的对于人的异化、冷漠的表达。另一方面，当时中国的严肃文学作家又对通俗小说抱有很轻蔑的态度。"冷硬派"对于当时的通俗小说作家来说太超前了，而严肃文学作家又没有注意到这些作品，就很可惜。其实哈米特和钱德勒的影响，并不局限在推理小说领域，他们也影响了莫迪亚诺，还有很多科幻小说家。

战玉冰：最有名的"钱德勒粉丝"当首推村上春树，比如《漫长的告别》这本小说，媒体宣传时都说村上春树读过十几遍（笑）。我们前面聊到你写小说有一种乡愁和怀旧的情绪，这样一种自我的情感如何体现在《悲悼》这本小说中，或者问得更直接一点，这本小说中作者的自我在哪里？

陆秋槎：我觉得里面反映了我的一种心态变化。写《元年春之祭》的时候，还有那么一点恃才傲物的情绪，也可以说是一种年少轻狂的"全能感"。而到了《当且仅当雪是白的》，更多的则是"无力感"，发现自己也很平庸，有一种"今日方知我是我"的顿悟。《樱草忌》写的是人与人相处的痛苦，当时确实是有一些人际关系上的烦恼。到了《悲悼》，怕是已经走向了中年人的虚无情绪。我对这个世界的看法已经没有那么单纯了，也不会像以前那样情绪化，而是以更加冷静，甚至是冷漠的态度，对这个世界进行冷眼旁观。青少年时期的激情慢慢冷却之后，我也变成了一个冷酷（hard-boiled）的成年人。

战玉冰：我记得小说里的刘雅弦也被强调是 30 多岁的年纪。

陆秋槎：也不一定是 30 多岁，具体年龄没有写，但也有一些暗示，大概 28 岁左右吧。

战玉冰：那刘雅弦身上有带入你自己的一些影子吗？

陆秋槎：主要还是前面提到的那种心态上的变化吧。小说里刘雅弦的主张和我的主张是肯定是不一样的，因为我们的经历完全不同，所处的时代也不同，但是她那种疏离、淡漠的心态，就是我现在的心态。

战玉冰："冷硬派"侦探的一个特点是"阶级游离"，就是一方面他不属于任何一个阶级（不是严格意义上的资产阶级，也不是无产阶级），另一方面他又可以不断游走于不同阶级之间，进行家访和调查，确实有一种社会"局外人"的感觉。加缪在写《局外人》的时候也说自己受到了另一本"冷硬派"侦探小说《邮差总按两遍铃》的影响。

陆秋槎：是的，其实小说家也是这样的，小说家也不能代表任何一个阶级，但他可以写任何一个阶级的事情。刘雅弦其实算是一个小资产阶级的人物，但她并没有很多小资产阶级的诉求。她对很多东西都是冷淡，乃至回避的态度。她为了活下去，必须要变成这样的人。而对于我们这个时代的人来说，很多时候也是为了生存而强迫自己变得冷酷，避免过度共情。刘雅弦有很强的共情能力，但也只能戴上"冷硬"的面具，最多只是在心里发些感慨和牢骚。她被迫接受了这样一种生活方式。

战玉冰：我觉得这就是"冷硬派"中的那种"冷"的感觉。你在《悲悼》的"后记"中提到这本书的写作受到罗斯·麦克唐纳的影响，之前你在一次讲座活动中也谈到这本书也有点受张爱玲的影响。我觉得这个说法很有意思，一方面这本小说是"冷硬派"作品，"冷硬"侦探很典型的一个特点就是冷言冷语、俏皮话特别多，说话比较刻薄。张爱玲的小说同样给人一种冰冷入骨髓的感觉，你觉得你的小说中有继承这些"冷"的风格吗？

陆秋槎：其实"冷硬派"的俏皮话风格，主要还是由钱德勒开创的。钱德勒的经历很特殊，他小的时候父母离婚，跟着母亲去了英国，20多岁才回到美国。他是在英国读书受教育的，所以也深受英国文学的影响。比如说萨克雷的《名利场》，就是一部刻薄到极致的作品。钱德勒又将这一英国文学传统和马克·吐温所代表的美国幽默的传统结合起来，发明了一种"冷硬派"的幽默感，对后世影响很大。罗斯·麦克唐纳就是在钱德勒的基础上进行变革。相比钱德勒笔下马洛的那种愤世嫉俗的态度，麦克唐纳笔下的卢·阿彻在讲俏皮话之余，还多了一份悲天悯人。如果说钱德勒主要写的是小说人物的可笑，那么麦克唐纳就把他们可怜的部分也一起写了出来。

说到张爱玲，可以拿钱锺书做对比，他们都是活跃在20世纪40年代的中国作家。钱锺书也受英国文学影响很深，作品给人一种高高在上的评判别人的感觉，写出了人物身上的猥琐、可笑之处。张爱玲则是在可笑之外，将这些人的可怜也写了出来。所以我觉得张爱玲和罗斯·麦克唐纳比较接近,钱锺书和钱德勒更接近一些。但从实际操作的角度,可能还是学钱德勒更简单一点,学麦克唐纳和张爱玲还是比较难的。所以我在这个小说里面展现出来的结果,就显得有些"双标"。里面有一些人是既可笑又可怜,有一些人可能就只有可笑的部分。

战玉冰： 能具体说说小说中哪些人既可笑又可怜吗?

陆秋槎： 比如富豪葛天锡,他早年是一个浪荡子,两次抛妻弃女,后来成为资本家也镇压工人运动,但是他也有他人性的,甚至是可悲的一面。我在写这个人物结局的时候回避了很多,采取的是一种侧面的写法。当然,这也是因为这篇小说是第一人称的作品,能够展现的只有主角看到的部分,其他内容都交给读者自己去想象,我也希望有很多的解读空间。

战玉冰： 我理解你的意思,是想对笔下人物尽量报以同情之理解的态度。但话说回来,推理小说是一种书写犯罪题材的小说类型,你如何理解小说中的犯罪、恶行与正义呢?

陆秋槎： 我不太喜欢那种特别直接的、一目了然式的写法,至少它不是我想追求的小说美学。我觉得文学要揭示恶、展现正义的时候,也尽可能要展现其中的复杂性。我们这个时代对一切信息获取都要求短、平、快。反过来追求复杂、追求"没那么好懂",会有一点吃力不讨好吧。

读推理小说的时候,总是能看到一种非常单纯的正义观——首先,我们可以清晰地判断孰是孰非;做出判断之后,又能以某种方式让恶人受到惩罚。推理作家总是在展现这样的故事。然而现实中除了极少数的情况,我们无法百分百地了解真相,而且即便了解真相也有可能什么都做不了。这才是现实。文学到底应该成为一种补偿机制，还是应该展现世界的复杂，我不知道。只是，我个人不太想把这些东西写得太简单，这不符合我的美学。

战玉冰：嗯，其实推理小说，或者拓展到更广义的犯罪文学，书写绝对的罪恶其实是一种偷懒的行为，过于黑白分明的正义观很容易引发读者的情绪反应，说白了这也是一种"煽情"的手段。

陆秋槎：我在写作的时候比较注意去情绪化，小说中没有太多东西去调动读者的情绪（《樱草忌》是个例外），可能是因为我本人性格上就比较冷淡吧。我发现日本推理小说中情绪性的东西会更少一些，像东野圭吾的作品也不怎么煽情，普遍比较阴冷。但是在中国，想要取得商业成功，或许还是需要更多情绪性的东西。中国有武侠小说的传统，而在武侠小说式微之后，空缺出来的位置是由"社会派"推理来填补的，因此中国的"社会派"在很大程度上延续了武侠小说的正义观和侠义精神。

战玉冰：嗯，今天中国的"社会派"推理小说接续了以前中国人寄托在武侠小说中的正义想象，这个说法很有意思。

访谈时间：2023 年 12 月 28 日

吴非：
在游戏中阅读推理小说

吴非

推理小说作者、译者、版权经纪人和图书策划人，代表作有互动推理小说《胜者出局》《地下游戏》等，译有《不可能犯罪诊断书》等。

美国推理小说作家约翰·迪克森·卡尔曾经将推理小说称为"世界上最伟大的游戏"，准确道出了这种小说类型背后的谜题和游戏属性。而吴非的"互动推理小说"《胜者出局》和《地下游戏》正是对推理小说在游戏性的维度上展开了新的尝试和探索。读者在阅读这两本书时，不再是完全作为旁观者，而是需要自己动手，打电话、拼图、寻找线索，直至推理破案。由此，推理的过程与形式就从被动地"看"变成了主动地"玩"。

"互动性"的加入当然丰富了推理阅读的体验，但反过来，这种互动是否也会限制推理小说的故事表达，或者压抑推理小说作为小说的文学性面向，仍具有一定的讨论空间。进一步来说，会不会是我们今天基于传统的阅读方式，对于故事与文学的理解还比较狭隘？随着整个阅读方式的革命性改变，我们对于文学性的理解是不是也会变得更加多元？游戏是否可以具有文学性？游戏如何具有文学性？这也是值得持续关注和思考的问题。

从吴非的"推理游戏书"，到更早的"解谜书"，以及当下流行的桌游、剧本杀等，推理不断走向游戏化的过程构成了一股潮流，这也是推理作为一种文化形式与文化现象不断弥散到各个不同领域之中的发展结果。而从吴非学生时代的经历中我们了解到，"玩"推理并不是一种产生于当下的新事物，早在 BBS 时代，推理迷们就已经通过"版杀"和"推理大赛"等形式来一起玩、一起推理。推理和游戏从来都是紧密联系在一起的，甚至可以说是一体两面的。

当然，推理小说也不仅仅限于游戏属性，作为小说、作为一种文学类型，它也肩负着作者自我表达乃至为社会发声的责任。从美国的"冷硬派"侦探小说，到日本的"社会派"推理小说，再到近些年中国东北文学中的"犯罪叙事"等，都具有某种严肃文学的品质和内核。以罪案推理的形式，回应某些社会议题，甚至是对人的记忆、自我等根本性问题进行哲学反思（比如帕特里克·莫迪亚诺和保罗·奥斯特等人的作品）。如何在游戏与现实、推理与社会、读者与玩家、思想表达者与游戏设计师之间寻找到恰当的平衡位置，构成了我们理解今天推理小说作家作品光谱的一个有效的角度。

——采访手记

从"谜题游戏"到推理小说创作

战玉冰：你是什么时候开始阅读推理小说的？

吴非：我在小学的时候就已经开始阅读推理小说了，而且是完全自发开始的。妈妈让我自己去书店里挑书，结果我就挑了推理小说。连她也觉得很奇怪，因为她从来没有向我介绍过推理小说这种类型。虽然我自己对这段往事没有太多的记忆了，但是我觉得一个人要是真喜欢什么，可能就是在骨子里会有一种天生的喜欢。

战玉冰：你那时候看的是哪些推理小说？

吴非：群众出版社出版的《福尔摩斯探案集》，还有程小青的《霍桑探案集》，那时候我也读了全集，封面很朴素。

战玉冰：那时候市面上最常见的《霍桑探案集》应该也是群众出版社出版的。后来你比较喜欢哪些推理小说作家和作品？

吴非：我仔细回忆过我阅读推理小说的整个过程。首先是高中时看埃勒里·奎因的《希腊棺材之谜》，看完之后惊为天人，彻底被书中的逻辑所折服。上大学后，一次偶然的机会，一个去中国台湾交换的同学帮我带了一本岛田庄司的《斜屋犯罪》，还有另一位朋友买到了一本《占星术杀人魔法》，当时新星出版社还没有引进这两本书。我之前从来没有读过这么匪夷所思的推理小说，从此被岛田小说中的谜团、诗意和浪漫所打动。再接下来就是保罗·霍尔特的《第七重解答》，小说情节的流畅度和密度很吸引我。最后一个是藤原伊织,他笔下的人物不是传统的英雄人物,相反都是经常在生活中迷失自我的普通人。读藤原伊织的时候也是我人生比较迷茫的一个阶段,所以对他的作品非常有共鸣,尤其喜欢他小说中人物对待世界、对待他人的态度和看法。

战玉冰：那你是如何走上推理小说创作道路的?

吴非：我开始创作推理小说大概是在 2002 年左右,当时读本科二年级,在复旦 BBS 上聚集了一群推理爱好者,我们在上面有一个活动,叫"版杀"。形式有点类似于现在的剧本杀,但又不太一样。"版杀"游戏中有一个"法官"角色,也就是整个游戏剧本的创作者,其他玩家各自挑选一个自己喜欢的职业身份,然后"法官"围绕这些身份编一个故事;"法官"会每天发布一段剧情,其他玩家根据剧情进行推理,每天投出一名嫌疑人,将其淘汰出局;在游戏过程中,"法官"每天给出的线索既不能太明显,让大家一下子就猜中凶手是谁,也不能故意把线索引向错误的地方,需要既指向凶手,又具有一定的迷惑性。

战玉冰：你在那时候是担任"法官"吗?

吴非：对的,我担任过两次"法官",第一次是在 2003 年的 7月,我创作的"版杀"故事叫《灵魂侦探》。

战玉冰：相当于那时候你已经开始尝试创作具有游戏性质的推理小说了。

吴非：也可以这么说。我第二次担任"法官"进行创作是在2005 年 6 月,那时正好临近大学毕业,大家都有一些毕业前的感伤,于是决定再举办一次"版杀"。当时我写的剧本名字就叫作《毕业前杀人游戏》,也是对东野圭吾小说的致敬。

战玉冰：以"版杀"的形式来感怀毕业，这也真是一个非常"推理迷"的做法了。后来流行的剧本杀和你们当年玩的"版杀"在形式上也有些类似，你玩过吗？

吴非：关于剧本杀，我玩得很少，只参加过一些朋友写的剧本杀的内测场次。

战玉冰：你觉得现在的剧本杀和你们当年的"版杀"有什么不同？

吴非：一个是现在的剧本杀给我带来的游戏体验并不好，我觉得一起玩的玩家都不是很投入。玩家一会儿是剧情当中的人，需要去表演，一会儿又需要坐下来冷静地讨论推理，使得整个过程显得比较割裂，不像当年玩"版杀"时大家完全投入到推理的过程中。另一个是我们当年的"版杀"是通过"法官"那支笔来操控剧情的，大家玩得开不开心，全取决于"法官"的创作能力，所以当"法官"有一种特别的挑战和乐趣在其中。

战玉冰：并且"法官"的创作很多时候都是即兴创作，他事先不知道会有哪一个玩家被淘汰出局，也就不能完全提前设计好后面的剧情。这对创作者的考验还是很大的。

吴非：是的。还有很重要的一点是，"版杀"中其他玩家也不是单纯的、以阅读的方式面对文本，而是通过自己的推理介入故事的创作，我觉得这种参与感才是游戏最吸引大家一起来玩的地方。

战玉冰：你和一群推理迷在复旦 BBS 上玩"版杀"，后来你还发起过一个"全国高校 BBS 推理大赛"对吗？

吴非：对的，那是在 2003 年 10 月，我当时大三，在全国各个高校 BBS 推理版上留言，呼吁大家一起来玩，可以说是广发"英雄帖"，最后找到了清华大学、北京大学、南京大学、上海交通大学和上海师范大学几所高校的推理爱好者，举办了第一届"全国高校BBS推理大赛"。

战玉冰：比赛的方式就是互相出推理谜题吗？

吴非：是的，我们当时就是创作推理谜题，然后给其他高校的同学来猜，大家都很享受挑战读者的乐趣。有阵子，《推理》杂志的编辑也经常来我们的版块上逛，看到我出的一个谜题，觉得故事性还比较强，就鼓励我把它改成小说。小说后来在杂志上发表了，名字叫《布拉格往事》。

战玉冰：相当于你最初走上推理小说创作之路时，就已经和推理游戏、谜题有着非常密切的关系了。

吴非：是的。

"互动推理小说"：
《胜者出局》与《地下游戏》

战玉冰：你2019年出版了"互动推理小说"《胜者出局》，2021年又推出了《地下游戏》。这两本将推理小说与互动游戏相结合的作品在国内还是令人感到非常新鲜的。据我所了解，此前国内引进过 J.J. 艾布拉姆斯的《S.：忒修斯之船》和马克·弗罗斯特的《双峰：神秘史》等"解谜书"，不知你的这两部作品是否受到美国同类"解谜书"的影响？

吴非：一方面必须承认，我开始创作《胜者出局》的机缘确实和《S.：忒修斯之船》的引进有关系。因为我 2012 年就在中信出版社出版过《打工旅行》，书中主要讲述我在新西兰流浪一年期间发生的事。后来中信在 2016 年引进了《S.：忒修斯之船》，当时国内还完全没有同类型的作品。这本书的编辑恰好就是我《打工旅行》那本书的责任编辑，他知道我很喜欢推理小说，就想找我做一个更适合中国读者的本土化版本，其中带有各种道具，可以互动、破案、解谜。我觉得这个工作很有意思，就接了下来。另一方面我想要强调的是，我的这两本书其实不同于传统"解谜书"，因为"解谜书"的核心还是"解谜"，而我这两本书的核心其实在"推理"。"解谜"更像是做数学题，有比较明确的谜面，而"推理"只是一个个不规则的谜团。换个角度来说，"解谜"有答案，而推理只有真相，真相往往是复杂的，是和人类的情感息息相关的，有的真相甚至将通向新的谜团。

战玉冰：那你觉得这种"互动"形式，与传统推理小说相比，有什么优势和局限？

吴非：就像我们当年在 BBS 上玩"版杀"的时候，为什么这个形式能够吸引大家？一方面因为每个人都在游戏中扮演不同的角色，但你又不知道"法官"写下的新剧情会朝着怎样的方向发展；另一方面你的推理和投票又会切实影响到故事未来的走向，甚至决定接下来的剧情。这样你就不只是一个单纯的小说读者、一个案件的旁观者，而是案件与破获过程的参与者，这种参与本身就会增加对于读者的吸引力。

战玉冰：确实，对于"互动推理书"的读者来说，他们既不是置身事外的旁观者，也不是主导案情走向的"法官"，而是既在案情中，影响着案情的走向，又不能完全了解和掌控案情，这种有些张力的状态是很吸引人的。谈一点我自己的体会，我在读（玩）这两本书的过程中，总有一种被拽着的感觉。

吴非：我可以再举一个例子，我刚才说我这两本书的核心是"推理"，其中有很多游戏互动的设计都是针对推理小说中的固有模式来进行的。比如书里发现了一个人的名字，按照一般推理小说的情节设计，警方就会去调查这个人的身份、背景和社会关系，这是推理小说的写法。而我的书中，会模拟一个警方在线查询系统，让读者自己去查找、探索、发现这个人的身份和社会关系网，从而增强读者的参与感与故事的趣味性。同时，读者亲自动手查这些信息是为了在故事中拯救一个被绑架的小女孩，这又会给读者带来一种强烈的使命感。这就和传统推理小说单纯阅读文本是完全不一样的体验。

说到这种互动形式的局限性，毕竟它还是依托于纸质书阅读，它不是电子游戏，很多互动设计很难在纸面上实现，比如法医检验的情节。所以我只能在这种有限制的互动形式之下，去考虑什么样的情节能够提供这些互动的接口，这种局限性反过来就会影响到情节创作的自由。比如有一些情节更容易产生互动设计，我在写作时就会有意强化这些情节的比重。

战玉冰：我甚至觉得你这两部小说的案件类型选择本身也和互动性的追求有关。《胜者出局》和《地下游戏》本质上都是"绑架案"或"劫持案"，而这种类型的故事最大的特点在于它是在案件尚未完成的背景下展开推理和破案的，犯案和破案两条故事线同时进行，推理破案的速度甚至直接决定了营救人质的成败与否，好像更容易在其中加入一些互动性设计。

吴非：确实如你所说，绑架案本身就是绑匪与警方智力交锋的过程，绑匪不断给警方出难题，我就可以在这个过程中加入一些互动性体验的设计。以前写小说时我可能更喜欢写密室杀人题材，这种题材往往是警方到达案发现场时，案件就已经发生了，这时他们已经没有办法和凶手正面对决了，因为这是一个结束了的案子，不像绑架案，是一个正在进行中的案子，读者只有解谜，才能救人。

战玉冰：我明白你的意思。密室杀人题材中，警方面对的是一个已经完成的案件，整个破案过程是"静"的。而绑架案相比之下则是"动"的，随时随地都可能发生新的变化。

吴非：是这个意思。

战玉冰：在传统推理小说中，似乎也有一些作者与读者之间的互动，比如埃勒里·奎因的"倒数第二章挑战读者"，也可以视为对读者参与到破案过程中的一种邀约，你觉得你的"互动推理书"是不是这种推理小说中互动性、游戏性的某种强化和延伸？

吴非：我觉得理念上还是不太一样。奎因的"挑战读者"，目的其实是告诉读者，在这部推理小说中，线索全都给齐了，读者可以试着来破这个案子，凸显的是自己作品设计的公平性（线索是公平的）和严密性（答案是唯一的）。这与其说是一种为读者考虑的互动，倒不如说是为作者自己考虑的互动，是作者对自己推理小说中线索公平性的强调。但实际上读者可以接受挑战，也可以完全置之不理，直接看结尾侦探破案的过程。据我所知，很多读者都不喜欢"挑战读者"这个环节，他们更享受"被骗"的乐趣，享受最后得知凶手身份的意外感。而我书中的互动与其说是"挑战读者"，不如说是"挑战侦探"，如果读者不把互动线索都破解出来的话，侦探缺少必要的线索，也破不了案子，这就需要读者和书中侦探一起破案。同时我书中的"互动"也不仅仅局限在"倒数第二章"，而是贯穿整本书。此外，我设计的互动，也不仅仅是读者与书、道具、案件之间的互动，还包括人与人之间的互动，《胜者出局》与《地下游戏》都支持两个人一起玩，比如情侣一起，或者带着孩子一起，这其实就丰富了我们对于"互动"阅读的理解。

战玉冰：读者在"阅读"你这两本书的过程中，他的位置和传统阅读过程中是有很大不同的，感觉这会是一个很有意思的叙事学问题。读者与故事、读者与侦探、读者与读者之间的关系都在发生着微妙的变化。你玩过桌游吗？你觉得你这两本书和推理解谜类桌游之间有什么共同点或者区别？

吴非：我桌游玩得不多，但我曾经被邀请去参加过桌游的展会，这就说明他们认为我的这两本书和桌游之间有一定的相似性。我去了之后，发现我的书和其他桌游都不一样，桌游界的朋友也很好奇，我这个产品里怎么还有这么厚的一本书，比他们的"规则书"厚那么多？我觉得我的《胜者出局》本质上还是一部推理小说，阅读还是它最主要的参与形式。而它和一般桌游不一样的地方还在于，大部分桌游是可以反复玩的，而我这本书你读过一次，使用了道具，知道了真相之后，就没法再玩一次了。

战玉冰：我读你这两本书之后的感觉是你书中的道具和互动其实还是一种辅助，一种对于阅读推理小说的辅助，小说才是你这两本书的本质。说得极端一点，如果遇到一个不负责任的玩家，他完全不理你设计的道具，直接把书从头读到尾，也能得到一个完整的推理破案故事。而绝大多数桌游中的"规则书"则是反过来的，文字说明是为游戏服务的。也说得极端一点，如果有一个专业的DM（主持人）或者资深玩家在一旁边玩边讲解，其实玩家有时候不需要看"规则书"也可以把游戏进行下去。

吴非：是的，这简直是一个满分理解。

战玉冰：也是你这两本书的形式确实非常特别，我试图用推理小说、剧本杀、桌游等更多比较常见的形式，来找到理解它们定位的参照系。

吴非：我觉得无论是"解谜书""互动推理小说"，还是桌游、剧本杀，它们彼此间确实有一些相似的基因，只不过在各自的形态上长出了不同的"果实"，都可以创作出精彩的作品。不过的确如你所说，我在写作的时候给自己设下的目标之一就是，极端情况下如果读者只读小说，也要让他们能够读下去，故事也要成立。

"推理小说是最具有延展性的小说类型"

战玉冰：在读《胜者出局》的时候，我产生过一个有些异想天开的想法，就是好像只有推理小说才可以做成这种互动书的形式，我很难想象一本科幻小说、言情小说或武侠小说做成这样的形式，它们如果做成这样的互动形式，似乎也必须在其中加入足够多的推理元素。我不知道这是不是一种胡思乱想，但确实是我的真实感受。

吴非：我有一次和陈浩基聊天，他有一个观点我觉得很有启发性。他认为推理小说和别的类型的小说最大的区别就在于，推理小说具有非常广阔的延展性，它可以延展到任何一种其他类型的小说里面，比如我们可以在武侠小说里面加推理，也可以在科幻小说里面加推理。他觉得推理就是一味好的调味料，可以放到任何一种类型的小说之中，推理天然能够调动人类的好奇心。类似地，我想说，我们也可以在任何场景、任何形式下进行推理，比如一次游轮旅行，我们可以直接来一个游轮主题的推理谜题或者剧本杀。住酒店的时候也可以在床头放一个符合当时场景的线索卡，你会发现推理确实能够增加生活的乐趣。

战玉冰：我非常同意陈浩基的观点，武侠小说更多提供的是一种世界观，言情小说可能主要提供的是一种人物之间关系的想象，推理小说提供的是一种叙事动力，而这种叙事动力是可以弥散到武侠、科幻、言情等不同类型小说之中的。比如古龙的"陆小凤传奇"系列，世界观是武侠，但核心叙事动力还是推理。

吴非：对，比如金庸的《天龙八部》，贯穿全书的核心叙事动力也是"谁是带头大哥"。不过我也一直在思考一个问题，就是小说是不是推理最好的载体。我觉得不完全是，为什么这么说呢？因为推理需要依赖线索，线索本质上是一种信息，信息的形式完全不局限于文字。小说的载体是文字，也就是说小说中所有的信息都是以文字的形式呈现给读者的，但是推理当中所要用到的信息可不仅仅是文字，比如案发现场照片、监控视频、录音，等等，这些不同维度的信息，能够极大地丰富推理的完整性。如果仅局限于文字来进行推理的话，也不是不行，但其实并不能充分发挥出推理全部的丰富性。

战玉冰：是的，如你所说，推理小说中如果讲到案发现场照片或者监控视频录像，是需要一个文字描述的过程的，而这个过程本质上是将图像或影像转译成文字的过程。

吴非：那如果在条件允许的情况下，你可以将所有这些信息以更加立体的、多媒体的方式，展现给参与推理的受众，我觉得效果会更好。这样看来，小说不一定是最适合推理体验的体裁。

战玉冰：如果从追求推理沉浸性与现场感的角度来看，直接有更多元的感官体验肯定效果更好，小说毕竟还是要经历一个文字"编码—解码"的过程。话说回来，你之所以选择做"互动推理书"，是不是也是基于这样的考虑？

吴非：差不多，我是在朝着这个方向努力，但很多想做的东西因为成本问题，最后还是无法实现。比如现实中在罗森（便利店）买单的小票用的都是热敏纸，而由于成本压力，我书中提供的小票道具就没有采用这种材料，这也是很无奈的事。

战玉冰：我们前面谈到很多"互动推理书"都是从读者或玩家的角度来谈，作为作者，写这样两本书，和写一般的推理小说有什么区别吗？

吴非：这里面的区别还是很大的。比如《胜者出局》，我接了这项工作之后，就辞职回家开始写作。从 2018 年 12 月一直写到 2019 年 4 月，故事写完之后，我开始设计互动、设计游戏，然后去找团队做整本书的美术设计。

战玉冰：除了写小说，你还要对书中道具的材料、尺寸、美术设计等都有全程的把控，你已经不仅是一个小说作者了，我觉得更像是一个产品经理。

吴非：确实相当于一个产品经理。因为这本书的游戏性比较强，所以不能仅以一个作家的视角去对待这一次的创作，需要更多地考虑读者在进行互动体验的时候能够得到什么，以及我想让他们得到什么，在此基础之上进而思考我该如何达到这个目标，这就涉及我们的选材、工艺、测试，这些都是在传统的写作流程当中不会涉及的环节。有一些材料和工艺可能听上去很不错，比如刚刚说的热敏纸，但实际测试之后发现效果不好，又或者说成本太高，就没有办法引入这一次的作品当中。这一系列的思考和作品情节的构思可以说是完全独立的两套思维模式。一方面需要运用想象力、创造力，另一方面你要非常务实，处理一些非常琐碎的、具体的事件，材料、成本、打样之类的事都需要你去洽谈，去落实。我就是在这样的"分裂"过程中，一步一步把这个产品做出来的，这对我来说也是个巨大的考验。

战玉冰：我们刚才聊到你的《胜者出局》和《地下游戏》具有某种游戏性、互动性特征，但反过来看，它们同时也具有很强的现实感，比如《胜者出局》中对于黄浦江轮渡、武康大楼，甚至罗森购物小票等场景与道具的还原，还有《地下游戏》中对北京地铁 10 号线途经每一站在到站时间等方面的准确展示。我甚至觉得沿着《胜者出局》中警察的动线，可以进行一次很不错的上海"Citywalk"（城市漫步）。

吴非：是的，我这两本书在现实感方面也着实下了一些功夫，比如书中提供的照片虽然都是以手绘插画的形式出现，但插画的背景都是来自案发现场和城市街道的实景，就是为了增加读者的代入感。还有《地下游戏》中有一张北京地铁的列车图纸，我可以自信地说，其中的数据就算是专业工程师也挑不出毛病。

战玉冰：除了物质细节层面的现实性，从《胜者出局》到《地下游戏》，我感觉你小说中的另一个变化在于某种现实关怀感的增强，如果说《胜者出局》的动机多少还有点私人恩怨层面的话，《地下游戏》中能明显感觉到你对某些社会议题的表达欲望，你觉得自己在创作上确实存在这个变化吗？以及你觉得推理小说在我们这个时代，还具有某种参与社会现实讨论和发声的意义或责任吗？

吴非：我觉得在任何时代，创作者都是表达者，哪怕你是写通俗小说、娱乐小说的创作者，也不例外。不管你怎么去塑造人物，构筑情节，多多少少都有一些自我表达的成分在。我们现在对于推理小说的认知，好像必须在"本格派"与"社会派"中二选一，其实并非如此。除了一些"设定系"的推理小说，我觉得大部分的本格推理小说也是发生在真实世界里的，故事中的人物都有自己的社会关系，他只要犯罪就必然涉及犯罪动机，这些其实都是社会的缩影。为什么人要采取这种极端的手段来解决问题呢？当中是不是有一些社会的、结构性的困境，使得他不得不采取这样极端的手段？也许为了娱乐读者，推理小说作者会采用本格推理小说、比较偏谜题化的手法，但我们也不能说这些小说中的人物就都是纯粹的"工具人"，作者在作品中总归会有一些有意识或者无意识的为社会发声的举动。甚至像日本的横山秀夫、叶真中显、高野和明，更是直接以推理小说的形式来讨论社会议题。具体到我的小说创作中，你所指出的两本书之间的变化，你的感觉是对的，我自己确实努力在小说中进行一些发声和表达，我觉得这是创作者的义务和责任。

推理小说的"引进来"与"走出去"

战玉冰：你曾经深度参与过吉林出版集团的"古典推理文库"和新星出版社的"午夜文库"对于欧美推理小说作品的翻译和引进工作，引入了埃勒里·奎因（Ellery Queen）、约翰·迪克森·卡尔（John Dickson Carr）、保罗·霍尔特（Paul Halter）、安东尼·伯克莱（Anthony Berkeley）、爱德华·霍克（Edward Hoch）等数十位作家的作品。你是从何时开始这样一份兼具"策划人""摆渡人"和文学翻译等多重身份的工作的？

吴非：其实这也可以追溯至早期互联网时代，2008年新星出版社找褚盟，请他加盟策划"午夜文库"系列。几乎同一时期，吉林出版集团的张晓辉开始做"古典推理文库"系列。当时"推理之门"网站汇集了全国的大量推理迷，我在里面比较活跃，和 ellry（按：刘臻）一起在"欧美名家"的版块做版主，对欧美作品比较熟悉。然后出版社就找到我们，让我们去帮忙做选题。选题完成之后，我就继续帮着做策划和引进，后面也从事一些翻译工作。

战玉冰：在做欧美推理小说选题和引进的过程中，有什么有趣的经历吗？

吴非：这里面的工作还是很烦琐的，先是审稿，看一部作品是否适合引进，中国的读者会不会喜欢。然后去寻找版权归属和版权代理，这里的情况就比较复杂，有的作品版权在作家本人手里，有的作家已经去世，作品版权在家属或后人手中，还有的在代理公司手中。直接和作家谈，一般效率就更高一点，和家属谈的话情况可能就复杂一点。我可以举一个例子，爱德华·霍克被称为"当代短篇推理之王"，一生写过一千多个短篇小说，中国台湾的一家出版社想引进他的《怪盗尼克》系列，但他们是想把这个系列小说作为少儿推理读物来引进。小说原作中的"怪盗尼克"是一个成年人，有一些在走廊上抽烟的描写，他们做成少儿推理，就想把这些细节去掉，做一些内容上的微调。我觉得如果是作者本人的话，很有可能就同意这种修改了，但当时作者本人已经去世，家属觉得没法征得作者同意，他生前又最看重这个系列，就不同意修改其中的内容。

战玉冰：你也是因为这份工作的关系，后来和岛田庄司、保罗·霍尔特等推理小说作家有了比较密切的交往吗？

吴非：我和岛田庄司是 2008 年开始互通邮件的，后来我去日本时跟他有了见面交流的机会。和保罗·霍尔特的交往最开始则是因为工作关系，我想引进他的小说，去法国拜访他，他也很亲切，直接邀请我去他家里住，我们后来就产生了很深厚的友谊。

战玉冰：你现在还有什么特别想引进国内的推理小说吗？

吴非：其实我更希望看到一些小语种推理小说的译介，比如俄罗斯、韩国，还有一些南美洲国家都有着那么优秀的文学文化传统，应该也有很不错的推理小说作品，并且可能和我们现在看到的欧美推理、日本推理在风格上有很大不同，现在我们对于这些作品的译介，做得还远远不够。

战玉冰：除了将国外优秀的作家作品"引进来"，还要关注国内的作家作品如何"走出去"的问题。你的短篇小说《和骑士度过的那一夜》于 2019 年发表在 EQMM(*Ellery Queen's Mystery Magazine*，《埃勒里·奎因推理杂志》)上，作为最早在 EQMM 发表小说的中国内地作者，你觉得海外对于中国推理小说的认知是怎样的？

吴非：近两年我们可能看到有一些松动的迹象，比如今年日本早川书房翻译引进了马伯庸和紫金陈的小说。但我觉得中国推理小说"走出去"总体上还是一个漫长的过程。因为现在"出海"的这些作品，并不具有可复制性。马伯庸和紫金陈都是这个行业里面的顶流，只有顶流才能够获得这种"出海"的待遇，其他更多的作者根本不用想"出海"这件事。

战玉冰：对的，像马伯庸和紫金陈的作品，因为影视改编的出圈，已经成为一种大众文化现象，而不仅仅是推理小说创作的范畴了。

吴非：这背后还是有一套国际话语权的问题，就推理小说来说，英语和日语还是世界上最强势的语言，你想反过来推广中国的推理小说，难度确实存在。但随着整个中国经济文化的发展，我觉得未来这种小说的"出海"会越来越多。

访谈时间：2024 年 3 月 8 日

时晨:
开书店的推理小说家

时晨

"85 后"推理小说作家,推理小说主题书店"谜芸馆"主理人,代表作有《黑曜馆事件》《水浒猎人》《侦探往事》《侠盗的遗产》等。

2024 年 4 月 8 日,星期一,我在时晨的谜芸馆和他从下午两点一直聊到将近五点,其间只有一名顾客进来随便看了看,然后又悄悄离开,这段时间里并没有卖掉一本书。而据时晨说,这其实是推理书店平时经营的常态。他还开玩笑地说,推理小说有两种让人贫穷的方式,一种是写本格推理,另一种就是开推理书店。

在国内的推理小说创作界,关于日系推理、欧美推理与国产推理之间的偏好与批判,关于推理小说本土化的讨论,关于"本格派"与"社会派"的分歧从来都没有停止过,这表面上看是一种个人趣味之争，民族义气之争，或者市场利益之争，但其实也同样是一场关于何为推理、何为文学、何为创新的论争。时晨作为一名中国本土的本格推理小说创作者，为我们提供了他的思考和回答。

当然，他的回答并不是我所期待的全部答案，甚至我们也可以反过来说，"社会派"推理写作也可以不断创新，并且推理小说史上从不乏伟大的"社会派"推理作家。这其中还包含着如何认识推理小说的根本问题，是将推理、谜团、诡计等游戏性元素放大到极致，还是将推理类型与更广阔的人类社会历史进程相结合，推理与文学之间的张力和边界要如何把握，等等，不同的写作者与读者都有着自己不同的答案。但时晨有一句回答我还是非常喜欢——"推理的本质是一种想象力"，我想这也正是无数作者与读者热爱推理小说的根本原因。

我曾经问过时晨，他是否担心因为自己坚持本格推理小说创作，而导致读者市场受限。他坦陈自己确实有这种担忧，所以他尝试用各种形式元素来包装自己的推理小说，但还是那句话，小说的内核一定要是本格的，因为"本格推理是一种精神"。

作为推理书店的经营者，时晨当然清楚地知道日系推理与国产推理、"社会派"推理与"本格派"推理在市场地位上的严重不平衡现状；但作为推理小说创作者，他又偏偏在坚持本格创作，同时他还在不遗余力地为推理小说本土化大声疾呼，比如他策划的"QED推理对谈视频""QED推理小说奖"，一直到刚刚开始的"谜芸馆夜谈"推理播客，时晨俨然已经成为一名推理小说与推理文化的推广者……我在这其中感受到一种悖谬的张力——市场的倾向与创作的坚持、不断的推广与圈内的循环。但这种西西弗斯式的坚持，最后还是要追寻到他初中二年级的那一天，在福州路上海书城初遇福尔摩斯与华生的那一刻，一种来自推理迷对于推理小说的最诚挚的热爱，或许才是后来这一系列故事最初的起点。

——采访手记

从"推理小说迷"到推理小说书店老板

战玉冰：从 2021 年 4 月 10 日到 2022 年 3 月 12 日的孤岛书店，再到现在的谜芸馆，你先后开过两家专门经营悬疑推理小说的书店，两个店名起得也都很有意思，前者来自阿加莎·克里斯蒂的《无人生还》（又名《孤岛奇案》），后者来自中国古代书斋的别称——"芸馆"，"谜芸馆"在我看来也完全可以称之为"谜の书斋"（谜之书斋）。我们都知道现在实体书店经营起来并不容易，更何况是一家专卖悬疑推理小说的书店，为什么会想要开这样一家书店，而且是锲而不舍地连续开店？

时晨："锲而不舍"是因为开完孤岛书店之后，确实还有一些遗憾，感觉还有些事没做完，比如很多我期待的嘉宾没有邀请，很多有意思的题目没有来得及讲，很多我想做的周边产品没有做。然后正好遇到五角场创智天地的开发商打算做"书店街"，他们从网上找到我，问我有没有兴趣来继续开书店，可以提供一定租金优惠。虽然对我来说，优惠后的房租还是很昂贵，但我想可以再试试看，于是就有了开第二家书店的冲动。

战玉冰：所以你选择再开"谜芸馆"，有一点继承曾经孤岛书店"未竟之业"的意思。

时晨：对的，其实孤岛书店因为是我开的第一家书店，所以有很多不成熟的地方。比如它虽然是 2021 年 4 月开业，但由于我们当时对相关手续和流程不够了解，缺少营业执照，到了 6 月份才开始正式卖书，这距 2022 年 3 月书店关门，其实也就半年多时间。另外，孤岛书店是我和其他合伙人一起开的，大家有空的时候就轮流过来看店，如果大家都没空，书店就只能关门了，所以有时候会让很多读者——特别是远道而来的读者——扑了个空，这让我感到非常愧疚。所以现在经营谜芸馆，我就开始招兼职员工，自己也尽量长时间地留在店里，基本上可以保证营业时间的正常化。

战玉冰：我想你之所以想开推理小说书店，特别是在不怎么赚钱的情况下依旧锲而不舍，很重要的一个原因是你对推理小说的热爱。你是什么时候开始接触并喜欢上推理小说的？

时晨：最早开始接触肯定是动画片《名侦探柯南》，小时候电视上天天在放，但我当时看柯南其实并没有沉浸其中。后来一直到我初中二年级的时候，有一次在福州路的上海书城，我买了《福尔摩斯探案集》中的一本，里面有《血字的研究》这一篇，当我看到福尔摩斯对华生说出那句名言——"你来自阿富汗"时，我完全被震惊了，后面紧跟着的是福尔摩斯的演绎推理。在那一刻，我感觉自己被深深地吸引住了，第一次坠入了推理小说的漩涡之中。

战玉冰：你与推理小说的初次相遇，和之前吴非老师在接受我访谈时提到的他的童年回忆非常相近，可能在书店看到福尔摩斯小说，然后开启自己的推理小说阅读生涯，是"80 后"一代中国推理迷共同的集体记忆。所以，福尔摩斯遇到华生，不仅是世界推理小说史上最伟大的一次相遇，也是推理迷们和推理小说之间的一次重要相遇。

时晨： 正是如此。我们那一代读者，很多都是从福尔摩斯开始正式接触到侦探小说或者叫推理小说的。

中国推理小说的"杂志时代"

战玉冰： 2008 年，你以"妖刀小宝"为笔名，在《推理志》杂志上开始发表短篇小说，为什么会想到走上推理小说创作这条路？

时晨： 2006 年《推理》杂志创刊，后面陆续出现了《推理世界》《最推理》《推理志》等一系列推理类文学杂志，我是在《推理志》上看到了一篇王稼骏的短篇推理小说，觉得自己也有信心写出和他们一样水准的小说，于是就趁着大学上课的时间写了一篇去投稿。这篇稿子后来被《推理志》刊登了，杂志社还寄给了我一张 600 元的汇款单，这对于当时还在上学的我来说是一笔"巨款"，也是我生平的第一笔稿费。

战玉冰： 确实，大概从 2006 年《推理》杂志开始，中国大陆推理小说的发展进入了"杂志时代"，各种推理杂志层出不穷，百花齐放。当时你们怎么获得这些推理杂志？通过邮局订阅吗，还是在书报亭购买？

时晨： 我从小生活在上海，当时书报亭遍布大街小巷，我家楼下就有好几个，学校门口也有，里面都有推理杂志在卖。当时也没有那么多别的娱乐活动，引进的国外推理小说也不像今天这么多，作为一名推理迷，我就会去买推理杂志来看。这些杂志除了刊载小说，还有很多关于西方侦探小说史、日本推理小说史，以及一些国外推理小说出版资讯与作品评论类的文章，让我们了解到国外推理小说发展的历史和现状。

战玉冰：比如天蝎小猪、伤痕、老埃他们，当时都是在推理类杂志上写评论文章，或者介绍国外的推理知识。

时晨：对的，我当时通过他们的介绍，知道了《三口棺材》(约翰·迪克森·卡尔)、《死亡飞出大礼帽》(克莱顿·劳森)、《地狱之缘》(黑克·塔伯特)、《九九神咒》(安东尼·布彻)等很多作品，但国内当时都没有翻译引进这些作品，所以我很想看这些小说，却没有阅读的机会。

战玉冰：所以后来吴非、伤痕他们在吉林出版集团参与策划的"古典推理文库"和新星出版社的"午夜文库"系列可以说解决了你的推理小说"阅读饥渴症"。

时晨：还真是阅读饥渴，当时"古典推理文库"是每出一本，我就跟着买一本。很多作品都是之前只在杂志上看过介绍和推荐，这次终于有书可以看了，肯定是紧跟着就去买，追着读。

战玉冰：相当于推理杂志为后来推理文库系列的出版培养了一批忠实的读者，你就是其中之一。

时晨：是的，此外，推理杂志还给我们这些当年的新人作者以发表的渠道，有各种推理杂志可以投稿，还有稿费可以赚。不像现在开始写推理小说的年轻作者，只能自费做学校推理社刊，分发给朋友和同好，这些社刊的印数和影响力都远远不能和之前相比，这其实是不利于新人作者冒头和成长的。

再讲一句题外话，我这次去日本，看到他们书店里有一排一排的、琳琅满目的推理小说，边上就贴着江户川乱步奖的颁奖典礼海报。我虽然看不懂日文，但看着那些书还是感觉好开心，什么时候我们也可以这样？但感觉这就是一种奢望，想实现它确实好难。

推理的本质是一种想象力

战玉冰：这一时期你读过的国外推理小说作家中，最喜欢的是哪一个？

时晨：肯定是埃勒里·奎因。我当时读了很多推理小说，比如读了阿加莎·克里斯蒂的作品，这些作品当然很棒，但好像还是缺了点什么。我心目中的推理小说，"推理"应该是一个动词，就是福尔摩斯说完"华生，你来自阿富汗"之后，紧跟着要说的那段东西，这是推理小说真正吸引我的地方。直到我读了奎因之后，我深深地感觉到我终于找到了自己心目中推理小说应该有的样子。它就是从最微小的细节开始，一段段推理，一点点排除，直至最后锁定凶手和犯罪手法，没有任何其他可能性，这对当时的我来说冲击实在太大了。当然每个作家都有他自己的优点，就像饭城勇三所说的，"克里斯蒂是意外的凶手，而奎因是意外的推理"，这种逻辑推理的过程就是我在阅读推理小说时最享受的部分。

战玉冰：后来你自己写作的推理小说，也被读者称为"逻辑流"，这应该也是受到奎因的影响吧？

时晨：是的，我在读完奎因的作品后，创作上也想要效仿奎因

"逻辑流"式的写法，当然这种创作方法很难，国内也没有那么流行这种写法。但这种写法对我来说，还是很有吸引力，整个创作过程是充满快感的。甚至在我早期的作品中，还曾经模仿过"国名系列"的命名方式，写作过一些短篇，比如《德国古堡之谜》《俄罗斯学院之谜》，也算是一种致敬吧。

战玉冰： 你刚刚提到奎因"逻辑流"的写法在中国不是很流行，但在日本似乎有特别多奎因的"继承者"，比如法月纶太郎、有栖川有栖、青崎有吾等，他们也经常被媒体称为"日本的埃勒里·奎因"，或者"平成时期的奎因"，等等。

时晨： 关于这个问题，我曾经在和绫辻行人吃饭时问过他，到底谁才是真正的"日本的奎因"，然后他毫不犹豫地回答——有栖川有栖。我很同意他的观点，有栖川有栖确实是早期最具有"奎因精神"的日本推理小说家，后来的青崎有吾作为新生代作者，他作品中的"奎因浓度"可能还要更高一些。总的来说，有栖川有栖是开创者，青崎有吾则将"逻辑流"发展到更极致的状态。

战玉冰： 我也同意你的说法，法月纶太郎更多是在侦探的设置上和奎因比较接近，比如小说里的侦探和作家是同一个名字，而且都是父子搭档，等等。相比之下，有栖川有栖则是从本质上继承了"前期奎因"的传统。不过从埃勒里·奎因，到有栖川有栖，再到青崎有吾，你所勾勒的这一条推理小说发展谱系，包括你自己的写作在内，都非常痴迷于"推理"的过程，在你看来，推理到底意味着什么？是在追求一种如数学一般的严谨吗？

时晨： 不是，推理对于我而言，其实是一种想象力，它表面上如同数学一般严谨，但实际生活太复杂了，充满了蝴蝶效应和不可知的变数，你不可能真的通过推理来穷尽一切可能性，所以我本质上是不信任推理的，如果现实中破案都完全依靠逻辑推理，那么肯定会有很多的冤假错案。小说则不一样，奎因的小说常常会根据案发现场一处不合理的小细节展开推理，比如为什么凶手杀完人后要拿走死者的帽子，他就从这里切入然后展开逻辑推理，直至推理出令所有人都感到意外的结果，这种感觉实在是太棒了，充满了不可思议但又逻辑严密的张力，这是一种出色的想象力，这才是奎因真正厉害的地方。

战玉冰：你这个说法很有意思，我在上课时曾经带同学们细读过柯南·道尔的《血字的研究》，你刚才提到的福尔摩斯在指出华生从阿富汗来之后所做出的演绎推理，如果从严格的逻辑上来看可以说是漏洞百出。但这段经典的推理作为一种形式，并不是数学形式，而是一种文学形式，其中包含着先抛出结论、产生震惊效果，再陈述理由的文学叙事技巧，是一种话语修辞的魔术。

时晨：对的，所以推理小说中的侦探本质上并不一定要是数学家，反而更接近文科生的特质，他们需要有出色的话语表达能力。

战玉冰：我们经常能见到诸如这样的说法——推理小说不是文学。你刚才说推理的本质其实是一种想象力，而想象力恰恰也是文学的本质属性。所以，在你看来，推理和文学二者应该是高度统一的。

时晨：是的，我一直觉得推理小说不仅是文学，还是一种很高级的文学，它是一种思想实验。

战玉冰：一方面，我们平常总把侦探小说或者推理小说视为一种通俗文学，好像并不是那么"高大上"的阅读对象。但另一方面，很多先锋文学或者实验文学，又都是在推理小说的结构基础上来展开尝试的，比如改变或者去除其中的一些结构要素，余华的《河边的错误》就是一个很好的例子。

从"新本格"到本土化

战玉冰：阅读你自己的推理小说创作，特别是"陈爝系列"，能明显感受到日本"新本格"——特别是绫辻行人的"馆系列"——的影响，"陈爝系列"中的第一本就叫《黑曜馆事件》。

时晨：《黑曜馆事件》确实标志着我新的创作阶段的开始，那时我阅读了大量日本"新本格"推理小说，开始尝试在自己的小说中使用大型诡计，然后加上之前"奎因式"的、严格的"逻辑流"来锁定凶手，这构成了我"陈爝系列"的基本风格。

战玉冰：2015 年出版的《黑曜馆事件》是不是国内最早的本土"暴风雪山庄"小说？我觉得这本书的一个作用在于，它的出现会给国内推理小说写作者们一个启发：原来中国作家也可以这么写小说！

时晨："最早"不敢说，但肯定是比较早的本土"暴风雪山庄"小说，包括现在比较年轻的一批原创推理作者，当年都看过《黑曜馆事件》。

战玉冰：我的一个阅读感受是，"陈爝系列"中的《黑曜馆事件》和《镜狱岛事件》，比较符合你刚才概括的大型诡计加"逻辑流"

锁凶风格。后来的《五行塔事件》和《傀儡村事件》就增加了很多中国本土的元素，比如五行元素、傀儡诅咒，等等。

时晨：我确实在《傀儡村事件》中有意加入了很多中国元素，比如利用民间传说中的"鬼打墙"构成"暴风雪山庄"，或者是将传统诗词和"童谣杀人"相结合。

战玉冰：你近些年一直在强调推理小说创作的本土化，"陈爝系列"的前后变化，可以说是这种本土化努力的结果之一。那后来的"民国系列"呢，是不是想继续深入推理小说的本土化写作？

时晨：从《枉死城事件》之后，我试图去改变自己依赖于大型诡计和逻辑推理的基本写法，想要尝试走出一条新的创作道路。当时整体上感觉比较迷茫，正好你和华斯比都在搞民国推理小说研究，我们经常一块聊到这方面的话题。我发现一个推理小说读者可能完全不了解程小青和孙了红，却对日本战前推理作家作品如数家珍。这对我触动很大，你可以说这其中有一点民族主义的情绪，那时我就想回到中国侦探小说发展的起点，去写一部关于这段历史的小说，于是就有了《侦探往事》和《侠盗的遗产》。

战玉冰：你回到民国侦探小说的创作场域之中，通过自己的创作重新复活了霍桑、鲁平、李飞这些中国早期的侦探形象，我感觉这其中有一种中国本土侦探小说的"寻根意识"。正如你刚才所说，你的推理小说写作并没有受到这一批作家的影响，相反是在你自己的创作逐渐走向成熟之后，反过来再激活对于他们那个时代的想象。这更多是一种缅怀和致敬吗？

时晨：我试图向他们寻求答案，我的写作确实没有受过他们太多的影响。但是我现在在本土化努力遭遇困境的时候反过来看他们当年的小说，试图去想象自己和他们站在一起。他们那时也同样存在如何将侦探小说本土化的问题，我想知道借助他们的思考和创作，能不能找到走出困境的方法，当然这还是我自己一厢情愿的想法。

战玉冰：我觉得你的民国系列每一部的写法也很有意思，《侦探往事》是古典推理风格，是阿加莎·克里斯蒂笔下的那种发生在洋馆中的故事；《侠盗的遗产》是侠盗传统与"冷硬派"风格。你这个系列是三部曲，所以下一部会是什么风格，谍战小说吗？毕竟故事时间线马上就要进入抗战时期了。

时晨：你这个观察很仔细，我的"民国三部曲"其实是在模仿推理小说史的发展过程，就是想在创作中还原出推理小说是怎么慢慢地转变成我们现在这个样子的，所以第一部是古典本格，第二部是中式冷硬，第三部太难了，我现在还在思考和努力中。

日系推理与国产推理

战玉冰：作为推理书店的老板，你对中国推理小说读者群体和阅读市场一定有着更直接的观察，一般流行的说法是，现在日系推理的销路好于欧美推理，再好于国产推理，确实如此吗？

时晨：日系推理在国内的阅读量和销量完全是碾压级的；欧美推理要分为阿加莎·克里斯蒂的作品和其他作家的作品两类，阿加莎·克里斯蒂的作品销量远不是其他欧美推理小说作家能相比的；最后才是国产推理，它的影响力和日系推理、阿加莎·克里斯蒂的作品相比则完全处于弱势。

战玉冰：那对于一名普通的国内推理小说读者来说，他的阅读需求就是想要看到好看的推理小说，然而有那么多的外国推理经典，每年又有大量日系和欧美推理新作被引进翻译，如果不考虑爱国情怀、支持国货这种想法，他为什么非要看国产推理呢？

时晨：我觉得是这样的，不同国家的人，大家的文化经历、文化感受和文化需求其实是不同的，对于一个中国读者来说，可能就更容易感受到《红楼梦》的魅力，或者更容易对余华的《活着》感同身受。如果让一个欧美的科幻作家写地球遭遇灾难末日的题材，那作为游牧民族传统的继承者，他们可能会想到换一个星球生存就可以，在宇宙中开辟新的家园，但中国作家写的《流浪地球》，就是带着地球家园一起走，这里面其实包含了某种文化模式和思维方式的根本差异。推理小说也是如此，它里面也包含了某种独属于中国人的特质，比如某些杀人动机，或者诡计设置，或者推理方式，只有在中国的社会环境和文化土壤中才可能实现，我是想寻找到这样的东西。就比如看恐怖文学，我看克苏鲁经常毫无感觉，甚至看到章鱼会想到海鲜大餐，但看到中式恐怖、阴兵借道之类的，就会格外有感觉。

战玉冰：那我再稍微追问一句，你觉得刘慈欣《三体》在全球的成功，是因为它的本土性，还是世界性？它是抓住了某种独属于中国的故事和思维，还是讲了一个具有普适性质的故事？

时晨：我觉得《三体》的成功可能更多是因为世界性，但金庸的成功就在于其本土性，他们可能代表了中国类型小说两种不同的发展方向。我自己现在首先关注的还是我们本土的读者，比如

《侠盗的遗产》中的犯罪动机，就是一个了解中国近现代屈辱历史的读者才能真正理解的东西。

战玉冰：确实如此，我们从中小学开始就了解到了中国近代历史上的半殖民地危机和屈辱，而《侠盗的遗产》是将这一段民族历史记忆落实到了一个具体的推理小说结构之中，中国本土的读者看了会特别有共鸣。

时晨：嗯，如果说在《傀儡村事件》中我试图将犯罪诡计本土化，那么在《侠盗的遗产》中我则尝试将犯罪动机本土化。

战玉冰：我对于本土化的另外一个看法是，不是简单地在推理小说中加入中国元素就是本土化，或者说这还是一种比较简单的对于本土化的理解，更深层次的本土化努力在于抓住某种民族文化的本质。还是以日本推理小说为例，绫辻行人的"馆"系列表面上看非常不日本化，这些奇奇怪怪的"馆"不仅建在远离日本的孤岛或山沟里，同时它的建筑形制也不是日本传统的"和屋"，而是来自欧美的"洋馆"，甚至小说中的人物，你把它全部换成欧美人的名字也完全没问题（《十角馆事件》中的主人公就都有一个欧美侦探小说家的绰号），但这样表面上"去日本化"的推理小说，反而抓住了日本文化的某种神髓，给人的感觉是更"日本"了。

时晨：对，就是所谓审美上的"箱庭文化"。我觉得绫辻行人是一种写法，日本还有另一种，比如京极夏彦的小说，就是在推理小说中加入大量日本本土民俗、妖怪的元素，同样也形成了日本推理小说本土化的某种风格。

战玉冰：嗯，这有点类似于横沟正史之于阿加莎·克里斯蒂，他不仅把英国乡下的别墅庄园变成了日本乡村的和屋大宅，而且小说中的家族伦理和人物关系非常具有日本特色，这是一种由表及里的日本本土化写作。

本格推理是一种精神

战玉冰： 除了国产推理与日系推理、推理小说本土化等问题，另一个被反复讨论的问题就是"本格派"与"社会派"之争。我有一个想法，中国的"社会派"推理小说及影视剧创作，是不是也算是一种本土化方向上的努力？我觉得它本质上就是将推理小说这种普遍的类型模式和中国具体的时代故事相结合，比如东北下岗潮、青少年犯罪、留守儿童问题或者校园霸凌，等等。

时晨： 中国现在的"社会派"推理确实是本土化的，而且做得非常好，但是它最大的问题是同质化，大量本土作品去模仿少数几部外国作品，我觉得这是非常不好的。像松本清张、宫部美雪、横山秀夫这样优秀的"社会派"作家的作品，我也很喜欢看，但我反对同质化的"社会派"推理小说创作。

战玉冰： 你说得很好！说到底，本土化的努力是为了让推理小说创作整体上更加多元化，不仅有日本的、英国的推理小说，也有中国的推理小说。本土化是要为推理小说创作提供更丰富的土壤、资源和可能性。从这一点来看，当前国内偏于同质化、单一化的"社会派"推理创作其实是违背这一方向的。说得再稍微严苛一点，一部东野圭吾的《白夜行》，加上一部韩国电影《杀人回忆》，基本就能概括很多中国当下"社会派"推理的创作模式。

　　时晨：我批评国内"社会派"推理小说的另一个地方在于，它们往往更多诉诸社会情绪，有一些道德上不能被忍受的犯罪行为在中国"社会派"推理小说中也被写得最多。"本格"推理小说是崇尚理性的，侦探通过逻辑推理来探寻真相，真相永远在那，它不关乎太多的情绪。

　　战玉冰：我之前和陆秋槎聊天的时候，他有一个观察我觉得很有意思。他认为现在国内的"社会派"推理小说其实取代的并不是传统的"本格"推理小说，而是武侠小说，它承担了某种当代人对于正义的想象和情绪的宣泄，而这些东西以前是依靠武侠小说所负载和完成的。

　　时晨：我觉得现在网上很多不理性的行为，其实是一种理性精神缺乏而情绪判断泛滥的表现。

　　战玉冰：这里面还有一个商业机制的问题，因为"社会派"推理确实更容易进行影视改编，有巨大的市场需求和商业利益，这反而会进一步刺激这种同质化的不良创作倾向。比如一部作品改编影视成功了，更多其他的模仿之作就会蜂拥出现。

　　时晨：我觉得创作本身还是一件要让自己感到快乐的事情，否则就变成为了出书、卖版权、赚钱而进行的创作苦役，这也是很煎熬的过程。当然，说一个类型文学作者写作完全不考虑钱也是假话，只是目前国内作者单靠写本格推理，在经济上确实还是难以为继。

　　战玉冰：感觉有一种来自日系推理和本土"社会派"的双面夹击。

　　时晨：所以我很佩服绫辻行人，他刚刚出道的时候，日本推理小说界也是"社会派"当道，所谓"清张魔咒"笼罩在他们头上，但绫辻行人就是在这种情况下写出《十角馆事件》(日文名：十角館の殺人，1987 年)，为"新本格"找到了一种新的创作模式，杀出了一条血路。但他当年开创的这种大型诡计、建筑诡计的模式到今天也发展了三十多年，我们是否能再找到一种新的创作模式，继续保持本格推理小说的创作活力，是我近年来一直关心的一个问题。

战玉冰：所以你说的本土化其实也是在试图寻找到一种本格推理小说创作的新路径吗？ 正如我们刚才所讨论的，本土化本质上是一种多元化，而本土化所代表的新的创作路径与可能性其实是激活本格推理小说传统的一种方法。

时晨：是的，所以我也在尝试用各种手法来结合并改造本格推理小说。比如有读者反馈，我的《傀儡村事件》和《柱死城事件》有点像《鬼吹灯》，我确实是想借用一点冒险小说的叙事节奏来包装推理小说，甚至我也可以借用"社会派"的形式，但它的内核一定要是本格推理的。

战玉冰：为什么内核一定要是本格推理的，或者你心目中的本格推理到底是什么？

时晨：我认为本格推理它是一种精神。

战玉冰：什么精神？

时晨：我觉得是一种对于意外的凶手、惊人的诡计、严密的逻辑的不懈追求。这其实是一种游戏，就像约翰·迪克森·卡尔所说的，"侦探小说是世界上最伟大的游戏"。

战玉冰：嗯，卡尔的这篇名文是针对雷蒙德·钱德勒所写的，钱德勒有一篇文章《简单的谋杀艺术》，把阿加莎·克里斯蒂等欧美古典侦探小说作家全都批评了一遍，言辞非常激烈，卡尔就写了这篇文章回应他，说侦探小说本来就是一种游戏，还是一种最伟大的游戏。聊了这么多，我的结论是，所谓国产推理与日系推理之争、中国推理小说创作的本土化，或者所谓"本格派"与"社会派"之争，在你这里都可以归结为一个守旧与创新的问题。

时晨：是的，我觉得作为一个写作者，一定要写自己内心真正热爱的东西，让写作变成一件快乐的事，不要为了一时的利益去跟风。天下霸唱在天涯写《鬼吹灯》的时候，没想到自己最后竟然能引领一代盗墓小说的创作风潮；刘慈欣写《三体》的时候，毫不吝啬地将所有好点子倾注其中，感觉都快把这本书当作自己的最后一本书来写了。你真正热爱的创作，真正优秀的作品就是有可能逆风翻盘，绝地反击。只要你觉得它足够优秀，值得你为之付出和坚持，就要勇敢地走下去，说不定你可以引领下一个时代，而不仅仅是做一个跟风者。这也是我要对自己说的话。

访谈时间：2024 年 4 月 8 日

林奕：
在舞台上重读阿加莎

林奕

国家一级导演，上海捕鼠器戏剧工作室导演、演员，代表作有话剧《无人生还》《东方快车谋杀案》《尼罗河上的惨案》等，著有《了不起的舞台》。

第一次看林奕导演的话剧是《死亡陷阱》，当我正沉醉于舞台右侧剧作家西德尼·布鲁尔家中墙上挂着的各种舞台剧海报，努力在其中辨识和寻找悬疑小说史上的种种"彩蛋"时，舞台左侧突然"诈尸"，着实把我吓了一跳。猛然间我意识到，我不仅仅是在阅读一个悬疑"故事"，更是在观赏一部惊悚"话剧"，而强烈的惊悚体验和舞台效果正是看剧与读书之间的重要区别所在。后来一次在后台休息室，林导问我有没有注意到《尼罗河上的惨案》中的一处情节矛盾，自诩看过多遍小说及电影改编的我当时被问得一头雾水。直到她反复向我推演情节，我才发现她所说的小说细节上的那个破绽——男主角西蒙·道尔在处理手枪、天鹅绒披肩和被墨水染红的手帕这几样物证时，应该选择分开处理，这样才能最大程度降低被发现的风险。我感慨她竟然读得这么仔细，林导回答说，他们是通过亲身表演来"阅读"原作，当演员把自己彻底带入角色时，任何一点点行为上的不合理都会被格外敏锐地感受到。这或许是戏剧和小说之间的又一个区别。

从 2003 年至今，林奕排演过《无人生还》《控方证人》《东方快车谋杀案》等多部阿加莎·克里斯蒂的作品。在这一过程中，与其说她是将自己定位成一名二度创作者，不如说她更多把自己视为一名阿加莎·克里斯蒂的读者，正如她自己所说："我觉得排克里斯蒂的话剧就是一种最好的阅读克里斯蒂的方式，我们需要仔细研读每一个人物、每一处细节，在这个过程中我开始慢慢了解这个作者，去读她更多的作品。"用排演的方式来阅读阿加莎·克里斯蒂，用舞台的表达来增加自己对于原作的理解，创作、改编与阅读之间的关系变得更为复杂且微妙。

悬疑推理话剧这种艺术形式，特别是将阿加莎·克里斯蒂的经典作品搬上舞台，其中有两个问题特别吸引我，一个是林奕和她的剧组是如何将推理小说中的各种元素在话剧舞台上借助空间设计、演员表演、布景、音效、灯光等进行有效转化和呈现的；另一个就是十几年来专注排演阿加莎·克里斯蒂作品的过程中，他们有哪些新的认识和变化。对于前者，用心的观众在剧场里自然可以看到整个剧组的设计与巧思，而对于后者，或许只有剧组成员们才能真正感受到一路以来的艰辛、变化与成长。

最后，我觉得与其将林奕所坚持的这种追求"不做改编"的工作方式理解为忠实于原著，或者认为这是出于一种导演性格上的谦虚和低调，不如说这反而是一种更接近于"阿加莎式"的性格与工作方式。对于阿加莎·克里斯蒂和林奕而言，讲好一个故事本身就是她们最大的追求。在这一过程中需要把握好分寸，让戏剧符合原著，让作品符合生活。这里就回到了林奕自身的话剧理念，要用生活的方式打开戏剧，而不是用戏剧的方式打开生活，舞台与剧组一起相伴而成长，"阿加莎·克里斯蒂要的不是单纯的思考，我们要的也不是"。

——采访手记

与阿加莎·克里斯蒂的"偶然"相遇

战玉冰：你是什么时候开始接触阿加莎·克里斯蒂的作品的？当初为什么会想要将她的作品搬上舞台？

林奕：我接触克里斯蒂的作品时间其实比较晚，并且我最先阅读的也不是她的小说，而是她写的剧本。2003 年，我还在上海戏剧学院导演系读大三，我们班有一个分组进行导演实践的机会，我们组工作的剧本就是克里斯蒂的《捕鼠器》。当时我们使用的剧本翻译文本，还是蔡学渊老师发表在《新剧本》杂志（按：1982 年第二、三期上的《三只瞎老鼠》，我们那时候就按照这个剧本排演了全剧。

战玉冰：相当于你与阿加莎·克里斯蒂作品的初次相遇，其实有很多机缘巧合的偶然性因素。

林奕：对的，最初还真是机缘巧合。我和童歆本来对于自己的生活和工作并没有很大的理想和严格的规划，属于走一步、碰一步，接触到《捕鼠器》时，甚至不是我们自己选的剧本。当时中国的话剧舞台上，更强调社会表达，像悬疑剧、惊悚剧这一类偏世俗化的题材比较少见。我们当时在黑匣子剧场公演了两场，效果特别好，我从来没有见过这么多同学挤在黑匣子剧场里看戏。后来又遇到"非典"，需要一些剧来复苏市场，上海话剧艺术中心当时对于话剧市场的开拓很有远见，策划了一批成本比较低、又能够带动市场的"小戏"，其中就有《捕鼠器》。《捕鼠器》正式开演前，七场就已经全部售罄，这是我们从来没有遇到过的事情，当时根本不敢想象。后来我们又接着演了两年，但只是作为演员和"复排"导演参与其中，还没有担任制作人。直到2007年，童歆想要成立自己的工作室，因为这部戏让我们和克里斯蒂结缘，所以我们的工作室就取名为"捕鼠器工作室"。到了2007年底，我们开始排演《无人生还》，然后就一路走到今天。①

战玉冰：你数过吗，到现在为止你一共排过多少部阿加莎·克里斯蒂的作品？

林奕：目前就内容而言应该是10部，《捕鼠器》《无人生还》《意外来客》《空幻之屋》《命案回首》（小说名为《啤酒谋杀案》）、《控方证人》《蛛网》《谋杀正在直播》《破镜》（小说名为《破镜谋杀案》）

---

① 注：2010年之后上演的中文版话剧《捕鼠器》非林奕导演版本，也非上海捕鼠器戏剧工作室制作演出版本，特此注明。

和《东方快车谋杀案》。其中《谋杀正在直播》比较特殊，是一部"现场广播剧"，由《私人电话》《高贵盘子里的黄油》《黄色鸢尾花》三个广播剧本组成，后来我们又排了《声临阿加莎》作为《谋杀正在直播》的升级版本，并将其中的《黄色鸢尾花》替换为《三只瞎老鼠》，所以相当于一共排了 11 部戏。

战玉冰：这其中你最满意的是哪一部？

林奕：很难说哪部最满意，不过印象最深的还是《无人生还》，毕竟这部戏陪伴我们的时间最长，打磨的时间也最久，甚至可以说这部戏见证了我们的成长。

阿加莎·克里斯蒂的恒久魅力

战玉冰：阿加莎·克里斯蒂 1942 年将自己的小说《无人生还》改编为话剧，这也是她第一部真正上演并获得成功的话剧改编作品。2007 年《无人生还》中文版首演。从 2007 年开始到我们采访的 2024 年，你导演的话剧《无人生还》17 年内共上演了 700 多场，上座率 100％，这个数字确实让我感到有点震惊，为什么阿加莎·克里斯蒂的话剧在国内会这么火？

林奕：其实在英美戏剧界，克里斯蒂的作品已经谈不上是主流了，很多戏多年都没有被复排。但在我们的舞台上，某种程度上它们可能恰到好处。

战玉冰：那你觉得阿加莎·克里斯蒂作品的魅力到底在哪里？或者说它最吸引你的地方是什么？

林奕：我非常喜欢克里斯蒂的洞察力，她对生活有着细致入微且非常独到的观察，在这方面她有着极强的天赋，并且她不是把这种观察上升为某种理论或者观点，而是将其编织成故事和谜题。不同的人看了她的作品之后会有不同的感受，可能你通过她的作品感悟到了某种人生的哲理，也可能你只是看到了一个复杂而精彩的故事，我觉得这就是她最伟大的地方，也是最吸引我们的观众的一点。

战玉冰：这就是雅俗共赏，雅有雅的看法，俗有俗的收获。

林奕：对的，我觉得克里斯蒂特别吸引我的一点还在于她的诚实。虽然她小说里写的都是人性之恶，但你能从中感受到她对于生活的那种自信，一种很传统的维多利亚时期英国中上层阶级的自信，他们不去回避生活中糟糕的地方，不去回避人性之恶。相反，只有正视人性之恶，才能更好地知道如何向善的一面走。比如《空幻之屋》中，女主角亨利埃塔一直在帮助约翰的妻子格尔达隐藏实情，但当格尔达发现并陷入绝境时却反过来想要杀掉亨利埃塔。阿加莎·克里斯蒂在这里写出了一种人性的本能，就像小动物掉进陷阱时，在高度的惊慌错乱之下，对于伸过来的手就会本能地撕咬、伤害，而不管这是一只来救它的手还是害它的手，我觉得这就是一种对于人性本质的诚实态度。

而在 2010 年我第一次排这部戏的时候，曾参照英国 ITV 拍摄的电视剧版对这一部分做了调整，因为按照我那时的认识，一个原本值得同情的人犯罪必然是由于某种社会结构层面的原因，因而要让这种犯罪行为的可理解性被放大，观众才会买账。其实这就是我们当时缺乏直面人性之恶的勇气，现在我们和观众都更成熟了，以后如果有机会再复排这个戏，我一定会把它改回到克里斯蒂原本的故事设计中去。

战玉冰：你这个例子很有意思，这里面的关系很微妙。我们一般会认为将凶手直接视为本性之恶是一种比较本质化的、简单化的认识。但其实将所有犯罪行为都视为某种社会结构作用之下的结果，也存在一种理解上的简单和片面。这里面隐藏的问题在于，似乎所有的犯罪行为都是可以在理性层面获得解释的，而解释本身其实是在给人一种抚慰、一种安全感。相反，如果凶手的犯罪行为不可解释，他本性就是恶的，这样读者就会感到某种恐惧，因为我们承认了人性之恶，那么"我"自己的人性之中可能也同样存在这种恶，这就会引发一种自我道德焦虑。

林奕：没错，克里斯蒂就是写出了人性中一直存在、但我们又不敢面对的东西，这就是她的诚实，这种诚实源自她对于生活本身的自信。

战玉冰：你说的这种"诚实"与"自信"，化用阿加莎·克里斯蒂自己小说的标题，就是她写的其实都是"阳光下的罪恶"，罪恶虽然可怕，但生活的主要基调还是阳光明媚。这里我想到一个对比的例子，相比于柯南·道尔的"福尔摩斯探案"系列小说，其中有很多照片勒索、伪造身份、小偷小摸的案子，阿加莎·克里斯蒂小说中则几乎全是谋杀，而且很多是连环杀人，甚至最后"无人生还"。但我们似乎并不觉得阿加莎·克里斯蒂的小说更令人感到紧张或恐惧，这是因为她小说中有一种高度稳定、自信的世界观，作者的这种态度让小说中的谋杀案也给人一种休闲和舒适的感觉，这就是奥威尔所说的"英国式谋杀"，或者用现在流行的说法叫 Cozy

Mystery。

林奕：但是你也可以看到，到了晚年她还是略显悲观的，因为社会环境的变化，其实超出了她的预期。

战玉冰：确实，他们这一辈欧美黄金时代的推理小说作家，到晚年都变得有些悲观。阿加莎·克里斯蒂是这样，埃勒里·奎因更是如此，他甚至直接开始在小说中探讨侦探的失败与侦探的合法性等问题，可能和当时战后的整体思潮有关，存在主义哲学也是在这一时期兴起并流行开来。

不做改编也是一种自我表达

战玉冰：我看了你的《了不起的舞台》，感觉就是一部非常鲜活的话剧导演工作笔记，我对你们幕后的具体工作流程很感兴趣，你们是怎么选定一部阿加莎·克里斯蒂的作品，并将其最终搬上舞台的？

林奕：因为我们拥有排演克里斯蒂戏剧作品的中文授权，所以我们一般会先从她亲自创作或改编的剧本中进行选择，其中包括翻译剧本、设计舞台、打磨中文表演，等等。而现在她的经典原创剧本有许多都已经被我们搬上了舞台，之后我们也会考虑她的经典小说，比如即将排演的《尼罗河上的惨案》，未来还有可能会有《阳光下的罪恶》《罗杰疑案》，等等。

战玉冰：引进一部西方话剧，通常有两种处理方式，一种是将其中的故事背景、人物姓名和情节内容进行本土化改编；你们采取的则是另一种方式，就是比较倾向忠实于原著，而不做大刀阔斧的改编。你怎么看待这两种不同的改编方式？

林奕：我个人比较主张更符合原著风貌的二度创作。在我排演的作品中几乎没有做过本土化改编，这可能也和我的性格与工作方式有关。第一，我不是那种主观性特别强、很想自我表达的创作者。当然遇到一个好故事，我一定会有创作冲动，但并不是把某种想法加到原作中的那种冲动，而是细细品读和分析原著，然后从中挖掘出它自身的特质和优点。如果一部作品整体上让我比较喜欢，我会很享受在其中挖掘出让我感到兴奋的东西的感觉，有点像在书里进行考古的过程。

战玉冰：你这像是学者型的做法。

林奕：是的，我更喜欢的是通过自己的努力，把原作的精彩和伟大充分地呈现出来，我不喜欢也不擅长在这个过程中凸显相对个人的表达。

战玉冰：这里涉及一个关于艺术改编的经典问题，就是原著者和改编者之间的主体竞争或者叫主体协商。我觉得这里特别有意思的地方在于，你作为一名改编者，同时却是一个坚定的"原著党"。

林奕：目前来说，除了《东方快车谋杀案》，对于其他我导演过的作品，我不能自称为一名改编者，我们的工作是一种二度创作。但在二度创作这一层面中，也同样存在着你说的这种关系。我想这取决于每个人的创作思路与工作方式。我比较享受从原著中吸收养分，然后用我自己的能力将它表达出来，我本身则已经融化在这个作品里面了，这是我很坚持的一点，而不是在创作中强调我个人的印迹。当然，一部我导演的作品无疑会有我个人的烙印，但我在意的并不是这个，而是我从作品中获得的力量，以及作品最终的呈现状态。

战玉冰：改编是一种自我表达，不改编其实也是一种自我表达，它是用另外一种策略在进行表达。你把这种工作方式上的选择归结为性格使然，我觉得很有意思。在我看来，这反而是一种有些接近阿加莎·克里斯蒂的性格，不在作品中过分凸显自我，不刻意地进行自我表达，就是老老实实讲好一个故事，懂你的读者或观众自然能感受到你隐藏在其中的自我表达的成分。

林奕：你说到我特别高兴的点上了。我觉得克里斯蒂的作品本身就是这样的，她只是说一个故事，读者从中能拿到什么，完全取决于你想要或者能够拿到什么东西，我把决定权和选择权交给来看戏的观众，我忠实于自己作为"说故事的人"的这一身份就好。

说回到尽量忠实于原著，这也和我对一部文学或戏剧作品的认识有关。我认为一部好的作品，是不可能孤立于它所处的时代而存在的。当然，我承认有能够跨越历史、地域和语言，为人所共识的经典之作。但有些作品中的人物特征、行为方式和当时具体的社会历史环境密切相关，而这种相关性，会让改编和移植近乎不可能，尤其是在希望保有其故事性和文学性的情况下。有一些人物的行为在不一样的地域、不一样的文化背景和社会环境下是没有办法成立的。比如《蛛网》这部剧，为什么剧中治安官和外交官这些有着一定社会地位的人愿意帮女主角克拉瑞萨隐瞒真相？因为英国采取的是判例法体制，这种司法制度下的审判拥有更灵活的区间，很有可能会对他们这一起案件的特殊情况从轻审判。如果你把这个故事平移到一个以成文法为主的大陆法国家，这几个人物的行为动机就根本不能成立，那么整个故事发展的最重要的基础就没有了。

战玉冰：你这个例子太好了，《蛛网》中人物行为动机的合理性其实内在关联着海洋法系和大陆法系之间的区别，我之前看戏时从来没想过这一点。

林奕：这是一个涉及情节基础的例子，还有涉及作品精神层面的，这些精神可以为我们所共识，但却不一定可以在我们当下的环境中被催生。当然，我并不反对本土化改编或做时代背景的转移，但一定要找到那个特别契合的点，并且在不违背作品精神的前提下，才可以进行改编。而侦探小说与悬疑惊悚剧，通常是非常世俗化的，完全是从某一个社会中的具体环境背景所生发出来的，所以我选择不做改编。

战玉冰：反而像莎士比亚的《麦克白》和《李尔王》这种高度经典化的作品，可以穿越历史时间和地域空间的束缚，被日本导演黑泽明改编成《蜘蛛巢城》(1957 年)和《乱》(1985 年)。

林奕：是的，这样的改编版本更多使用的其实是某种母题，就像很多古希腊悲剧，涉及一类"母题"的故事或内容原本就可以被不同时代、地域和文化背景下的创作者重新展现。

我们不做改编，还有一个原因是中英演出版权合同的制约。捕鼠器工作室 2010 年获得了阿加莎·克里斯蒂有限公司（Agatha Christie Limited，简称 ACL）的独家授权。我们如果要做改编的话，改编剧本一定要送到英国，请他们审核批准才可以，他们要对克里斯蒂的作品负责。

战玉冰： 这种合同的制约会对你的具体工作产生束缚感吗？

林奕： 我喜欢在某种界定中游戏。这可能也是我欣赏阿加莎·克里斯蒂的创作品格的原因，在某种安全的秩序中，隐藏在作品里自由地创作，这是一种戴着手铐脚镣的舞蹈，是古典风格给人的安全感。

"改编"的限度与难度

战玉冰： 那在你看来，肯尼思·布拉纳（Kenneth Branagh）最近几年导演并主演的阿加莎·克里斯蒂电影问题主要出在哪？我总觉得他把《东方快车谋杀案》（2017 年）和《尼罗河上的惨案》（2022 年）改得非常不像阿加莎·克里斯蒂的风格，波洛甚至都可以和凶手上演追逐和打斗的戏码了，乍一看还以为是在拍菲利普·马洛或者詹姆斯·邦德。

林奕： 可能还不只是打斗戏的问题，我觉得新版电影改编最大的问题是破坏了克里斯蒂小说原著中侦探波洛与案件之间的关系。小说原作中，波洛最神奇的地方在于，一方面他是一个置身事外的功能性人物，另一方面他又是如此血肉饱满。我觉得读者喜欢的正是这个血肉饱满的功能性侦探形象。而在最近的电影中，波洛的形象被过分强化了，似乎没有他，整个故事都不能进行下去。侦探本身与故事和情节推进产生密切关系，这是现代电影的基本构成，但它却在一定程度上破坏了观众所钟爱的克里斯蒂的那种古典结构。

战玉冰：你这个关于"血肉饱满的功能性人物"的说法太有意思了，我觉得已经有点打破我们对于传统小说和戏剧人物的分类了，借用福斯特的概念，等于波洛是一个"圆形的扁平人物"。我这里可以补充一个细节，就是在阿加莎·克里斯蒂的小说里，波洛最常见的行为之一就是"偷听"，偷听意味着侦探既在场（所以才能"听"到），同时又不在场（因为是躲起来"偷"听），正符合你所说的波洛与案件之间微妙的关系和距离感。

另一个与之相关的问题是，为什么阿加莎·克里斯蒂在自己改编的剧本《尼罗河上的惨案》中要删掉波洛这个角色？

林奕：克里斯蒂的原意是不想让波洛抢更多的风头，以免观众不关注这个故事以及故事的主角本身。在她看来发生故事的是这一群人，她所观察的也是这一群人，小说中的波洛是一个局外人，只是充当了一个观察者的角色。故事是这群人的，不是波洛的。在话剧剧本中，她选择让观众直接观察这群人和他们的故事，所以删掉了波洛。甚至我们也可以注意到，即使在小说中，除了解说案情，波洛对故事的总结也只有寥寥数语。

战玉冰：波洛的确不像奎因，最后喜欢做大段的解说。

林奕：是的，波洛每次破完案以后，对于整个事件通常只有一两句非常有智慧的总结。

战玉冰：在你们计划排演的《尼罗河上的惨案》中，又准备加回波洛这个角色，为什么做这样的选择？

林奕：我们这次排演的《尼罗河上的惨案》和之前的《东方快车谋杀案》一样，都将直接改编自克里斯蒂的同名小说。而有一件事我们在很早以前就非常清楚，那就是我们的观众如此熟悉和喜爱这部经典作品，不仅仅是因为它的原著小说，还因为它曾被改编过的电影（按：指 1978 年版的电影《尼罗河上的惨案》），这部电影对于中国观众来说不仅是一件艺术作品，而且是某种强烈的时代记忆。面对我们的观众，我认为我们的改编不能违背这种时代记忆。所以我们就专门向英方提出，这一版话剧还是要重新按小说进行改编。当然，我们肯定不会违背克里斯蒂的本意，让波洛影响观众对剧中其他人物的关注。

战玉冰：除了《尼罗河上的惨案》，《东方快车谋杀案》也是完全改编自阿加莎·克里斯蒂的小说，这其中有什么有意思的故事吗？

林奕：有意思？这简直太困难了，甚至可以说痛苦，因为需要考虑的因素太多了。《东方快车谋杀案》为人所熟知的也不仅是原创小说，它同样也有一部人尽皆知的电影（按：指 1974 年版电影《东方快车谋杀案》），每个观众都有自己对于小说的想象和对那部电影的记忆符号。我们在忠实于小说原著的同时，还要保证完整的戏剧结构和充分的戏剧冲突，同时还要不辜负观众们对某些场景的记忆点。我写剧本的时候，如果考虑到某个电影细节令很多观众记忆深刻，就不太会轻易忽略它。

其实《东方快车谋杀案》的难度也许还不算最大，小说本身的叙事结构相对还算紧密。像刚才说的《尼罗河上的惨案》难度可能更高，因为这部小说的叙事是一个网状结构，如何把这个网状结构揉合成比较集中的戏剧场景，对我们挑战很大。举个例子来说，《东方快车谋杀案》整体结构比较清晰，前半段案件发生，后半段破案；而《尼罗河上的惨案》的后半段是一边查案，一边案件还在继续发生，这样的结构在叙事上就要复杂得多。相比这两部，《无人生还》就要简明多了，从观众视角来看，它更像是一个冒险故事，一部灾难片，岛上不断有人被杀，死神步步逼近，所有人都在努力逃生。

战玉冰： 阿加莎·克里斯蒂笔下的《无人生还》有两个版本，一个是"小说版"，一个是"舞台版"，她曾经自己把小说改编成剧本，但两个版本的结尾并不一样。这么多年来，你们也分别排演过这两种不同的结尾，你觉得这两种不同的结尾处理方式之间有什么区别？你更喜欢哪一种？

林奕： 对我自己而言，我更喜欢"舞台版"。这可能和我最先看到的是"舞台版"结尾的剧本有关，而且这个结尾可以让整部戏的戏剧结构变得非常完整。而"小说版"结尾作为原著来说当然是经典，有它绝对的意义，我非常能理解"原著党"们的心情。不过作为话剧，在比重上一直被当作男女主角的两个角色，最后在结构上不能起到绝对的作用，这让导演和演员在创作时很难处理。因为不能将整个故事的两个版本"泄底"，大概只能先说这么多了。

话剧是一门综合性艺术

战玉冰： 话剧不同于小说，它是一门综合性艺术，是整个团队协力完成的艺术作品。从英文剧本的翻译，到演员的表演，再到舞台设计、灯光、音效、服装、道具等各个环节，都直接关系到最终舞台效果的成败。我们下面聊一聊台前幕后的各类工作人员吧，首先开始工作的应该是剧本翻译？刚才我们讨论过本土改编与忠实于原著的问题，这一点体现在台词上或许是最难的，因为完全保持原意的话，可能会让演员说词时显得不自然。但反过来，太过本土化的台词，演员说得舒服了，但原著的味道又流失了。如何既能准确传达原文的意思，又能让本土观众心领神会其精髓，这是一个很微妙的问题，需要拿捏得恰到好处。

林奕：确实需要把握一个临界点，比如在《蛛网》中，某国高层"第二号人物"来访，我们将其翻译成"二把手"，感觉就是刚好踩在了临界点上，既传达了原作的意思，又让中国观众感到生动有趣，不那么隔阂。但如果为了喜剧效果，更世俗化地说成"二当家"，就过了那个临界点，不合时宜了。如你所说，这里面的感觉很微妙。

战玉冰：这里关于台词的翻译让我想到了当年上译厂的译制片，他们当时应该也面临同样的难题：如何翻译台词。

林奕：《无人生还》最早一版的演员，也是元老之一，我们的曹雷老师就是上译厂（即上海电影译制厂）著名的配音演员兼导演，她在我们很早期的创作中就帮助我们确定了许多翻译上的风格。我这里可以举几个例子，比如我们在排演《无人生还》的时候，隆巴德去搜查屋子，布洛尔讽刺他：Mind he doesn't get you before you get him。直译过来就是"在你抓住他之前，小心别让他抓住你"，中文讲起来还是有点别扭。于是曹雷老师取其意，将其换成更有意思的表达"小心打虎不成，反入虎口"，既生动又准确。还有剧中布洛尔谎称自己是百万富翁并用假名的事情露馅了，这时他说了一句英国谚语 Cat's out of the bag，曹雷老师建议翻译成"纸包不住火"，中英文都是谚语，既在语言风格上相对应，在语意表达上又十分生动。

这种生动又考究的翻译风格对我影响很深。在排阿瑟·米勒的《推销员之死》时，有一句台词 pick yourself up，字典里的翻译是"振作起来"，但就当时的戏剧情景来说，作为人物的语言还不够表意，后来我们使用了半直译的方法，将它翻译成了"收拾收拾你自己"，意为告诉对方：别让自己那么狼狈，那么难堪。必须从风格和情景出发来表情达意，这可能是戏剧翻译最重要的法则。

我们有时会用一些汉语中的俗语去对应翻译英文中的俗语，但带有典故的俗语一般就不能随便使用，因为典故和"二当家"一样，这些词背后都有一套中国文化的基因在，容易和戏剧所发生的外国场景不协调。比如说"打虎不成，反入虎口"就可以，但是"不入虎穴，焉得虎子"，它背后的典故太强烈了，就不太适合用来翻译台词。

战玉冰：老一辈配音演员把握台词的分寸，实在是太有魅力了。

林奕：我们的剧本翻译标准其实就是从过去上译厂的翻译体系中学习而来的。我们现在经常管自己的上级领导叫"头儿"，这是一种上下级之间比较亲密的说法，但这最早其实是上译厂的老厂长陈叙一在为电视剧《加里森敢死队》（1967 年拍摄，1980 年引进）做译配时创造出来的一个词。当时既要保证意思合理准确，还要考虑到剧中演员说英文原文"Ward"时单音节卷舌的口型，最终琢磨出了这样一个词汇。在译配克里斯蒂最著名的几部电影时，上译厂的翻译也经常有神来之笔。比如 1978 版的《尼罗河上的惨案》中，波洛在回应鲍里斯小姐指责他偷听时，反驳说 Some voice carry，直译的话可以是"有些声音传得远"，但这显然不够生动，而英语的那句表达恰恰十分生动，而且诙谐。最终我们听到的配音是波洛那句幽默的台词"刮进耳朵里的"，这样的翻译实在是绝妙。曾经那些优秀的译制片中有很多可以挖掘的宝藏，可惜现在它经常只被称为"译制腔"，这并不公平。

战玉冰：你这里说到一个很有意思的问题，一般我们认为和"译制片"相对应的，就是"字幕组"，现在年轻一辈的观众会觉得外国原声加中文字幕是一种可以比较原汁原味地欣赏电影的方法。这里对于"原汁原味"的理解还是简单了一点，译制片翻译和转译的过程，可能通过汉语表达锁住了另外一种原汁原味的东西。

林奕：从一种语言变成另外一种语言，最难得的是要在东西方两种完全不同的文化交融的过程当中找到一个非常好的临界点，这里面的技术和艺术要求都非常高。另外，我觉得译制片是有翻译精神的，那就是尊重原作，而恰恰是在你我彼此不同的背景下，在转译和重新诠释的过程中，才最能体现出这种尊重。

战玉冰：我觉得你所说的"翻译精神"，和你自己改编以及导演话剧时的工作理念非常相近，其实无论是排演戏剧，还是译制电影，都是一种艺术再创作，但这种再创作又不是追求改变原作，而是要尊重原作，对原作有更高的一层理解。

林奕：这种尊重也基于一种自信，首先是对作品本身，也是对自我创作的一种自信。同时在尊重的过程当中可以从原作那里汲取更多的养分，这又可以反哺给我们自己更多的自信。

战玉冰：说回阿加莎·克里斯蒂，我个人感觉阿加莎·克里斯蒂的小说其实比较适合话剧改编，一方面，她的小说原著中有着非常多精彩的对白。朱利丝·格林在 *Agatha Christie: A Life in*

Theatre 一书中就指出："以戏剧的形式呈现,让克里斯蒂的对白得到了最好的发挥。"阿加莎·克里斯蒂小说中的这种对白,天然契合于话剧语言的表达形式。另一方面,阿加莎·克里斯蒂的小说通常喜欢采取封闭空间构造,这很适合话剧舞台的呈现方式,比如《东方快车谋杀案》《尼罗河上的惨案》,虽然故事背景发生在从伊斯坦布尔到巴黎的国际列车上,或者是在北非尼罗河旅行的过程中,但实际故事发生空间就是一节车厢或一艘游轮,小说案件发生的封闭空间本身就很像一个话剧舞台。

林奕：没错,我们在排《东方快车谋杀案》的时候,就比较坚持要展现一个完整车厢的概念,准确地说应该是两个完整的车厢,一个是餐车——公共空间,另一个是相对私密的旅客包厢。这里面最有意思的是火车上的过道,它既是公共空间同时又是私密空间,人与人经常在过道里相遇,甚至传递某些信息。就像以前坐老绿皮火车,一个软卧包厢里有四个人,这好像是一个比较私密的空间,但如果其中有人想做点什么私事,他反而会选择走出车厢,到走廊里面去做,这里就形成了公共空间和私密空间的转化,这是我和舞台设计师共同的生活经验记忆,后来就被我们运用到了话剧舞台上,我们强烈地想把火车包厢外的过道给表现出来。

类似的例子在排《无人生还》的时候也有,我们特别强化了楼梯,其实这里的楼梯也是一个人与人彼此相遇和社交的空间,功能有点像列车里的走廊,同时楼梯的加入也会让舞台上的人物动线丰富起来,空间上也更具立体感和层次感。

战玉冰：你们对《无人生还》舞台的声音设计和道具装置也很有意思。

林奕：《无人生还》作为典型的"暴风雪山庄"模式的推理故事，其中三个核心要素是孤岛、暴风雨和随时到来的死亡，这对应到话剧舞台上的声音就可以是——海浪声、雷雨声和钟声，我们通过对这三种声音的使用，将推理小说中的"暴风雪山庄"落实到观众具体的听觉感官上。

就我导演的克里斯蒂的戏来说，所有舞台效果的设置的最主要目的是制造幻觉，让观众在跟随剧情的同时可以暂时忘记自己在看戏这个事实。在具有悬疑或惊悚性质的故事中，一些舞台装置确实可以起到非常好的作用。比如《无人生还》最后的审判场面，从高空坠落的绳索具有很强的舞台张力，非常刺激。其实就它本身的出现从生活角度来说并不十分合理，但因为舞台幻觉已经让观众忘记了自己仅仅是在观看，于是这个场面足以让观众在合理的情境中获得直接的生理刺激。

当然，在我的工作中也有过教训，同样是这个场面，但却是一个反面教材，我自己认为是一个失败的案例。2007 年，我们在小剧场里首演《无人生还》获得成功，于是第二年我们将它搬到了大剧场上演。因为绳索掉落的瞬间让观众获得了极大快感，于是我们就想再玩一些花样，不仅让舞台上有绳索坠落，同时观众席上方也有绳索坠落，这虽然把观众吓了一大跳，但却反而破坏了之前营造的舞台幻觉。这和有人突然冲进观众席大喊一声本质上没有差别，那也能吓到观众，但肯定不是惊悚场面应有的表现方式。

战玉冰：关于舞台灯光方面，有什么特别有意思的设计吗？

林奕：舞台灯光可以说是最有助于呈现舞台氛围的形式载体。比如在《无人生还》第一幕中，我们就通过灯光来展现了室外的夕阳和时间的一个很长跨度的变化。而在《蛛网》这部戏中，因为它的故事就发生在短短几个小时之内，其间除了夜晚就是阴天的傍晚，所以基本只能靠室内光线的调节来呈现。我们的其中一个构想是，在四个人藏尸体的时候将室内壁灯、吊灯以及舞台上屋顶的灯带全部打亮，我们要在全场最明亮的情况下，让他们做最应该偷偷摸摸进行的事，从而形成一种强烈的反差和荒诞感，这其实非常符合《蛛网》的喜剧特性。

剧团与戏剧一起成长

战玉冰：我很好奇你们排一部剧的过程一般是怎样的，我在你书里看到很多关于排练的术语，比如"坐排""粗排""细排""连排""修排"，等等，能给我们具体展开讲讲吗？

林奕：我没有查过这些名词是否是完全专业的术语，别的国家的剧团在工作时也许有另一种具体的工作流程。但从文本到演出，会经过剧本讨论分析再到落地排练，大家的流程应该都差不多。以我们自己的工作来说，"坐排"就是字面意思，坐着排练，全体演员，包括舞台各部门的设计，大家坐在一起分析剧本和人物。我很强调一点，演员在饰演一个人物的时候需要彻底认识他，要像熟悉你的家人和朋友一样地去熟悉他，然后你才有可能把他"模仿"出来，模仿到惟妙惟肖。我并不认为一个演员可以真的忘我地成为"另一个人"，但他可以几乎忘我地投入，然后去模仿另一个人，那个他很了解的角色，就像在模仿他的一个最好的朋友、他的父母，因为他非常熟悉他们。这是我对表演所持的一个观点。

"粗排"主要是为了让全剧组对剧本有一个立体的认识。在某种层面上，它对导演的意义更大，让导演能够从整体上把握戏剧的结构，也包括全剧的时长，可以看到一部戏从头到尾是什么样，其中有些场面已经成型，而有些后来可能会被彻底改掉。"细排"就到了非常细节的程度了，比如感情表达、动作选择、舞台上的准确位置、相互的交流，甚至细微的表情，以及演员拿什么道具，怎么拿，等等。在"细排"中我们需要细腻地考虑到观众最后看到的每一处细节，包括音乐在哪一拍进，演员表演和叙事节奏如何相吻合，等等。

等到"连排"时，基本就是验证的过程了，和正式演出一样，配合音效完整地将全剧演一遍，有时候会穿上服装，唯独没有的是灯光。然后所有人，主要是导演会发现其中存在什么问题，再进入"修排"的环节。这样一直反复地修改、反复地打磨，直到正式见观众。

战玉冰：就是一直改到首演吗？

林奕：不止首演，因为首演的观众会更友善、更宽容一些。一般演到第二场、第三场，观众的反馈会更真实，可能台上演员很努力地在演，但台下的反馈和效果都不如预期。这时候导演就要去发现问题，要想办法，反思哪里不对，接下来的演出该怎么做调整。我在整轮演出的过程中，都有可能会给出"意见"，让演员做调整，甚至在演出前少量地进行一些排练。

战玉冰：等于是从"坐排""粗排""细排""连排""修排"，一直到首演，以及后面的正式演出，整个舞台和表演一直处在一个不断修改和校正的过程中。

林奕：是的，这就是戏剧最有意思的地方。就像 2012 年的《死亡陷阱》，我们在三个月中演了 101 场，那是一个高度磨合的过程。你最初说到的《无人生还》，我们十几年来演了 700 多场，它每年都在"复排"，而每次"复排"都可能有新的变化，"复排"就像是一次次重新探索和挖掘的过程，这个过程本身就很吸引人。

在一个相对稳定的创作团队中，一部戏被演了这么多年，这个过程中，大家都在逐渐成长，彼此间的关系也在变化，这个感觉很有意思，特别美妙。

战玉冰：相当于剧团与戏剧在一起成长。比如《蛛网》这部剧，许承先老师最初是饰演罗兰爵士，最近的一版中，他开始饰演管家，这其中的变化也很有意思。

林奕：你可以把我们的剧组理解为一个家族，它在逐渐丰满和成长的过程中，这里有老演员的引领，有年轻演员的不断加入。有时候会像你说的，一位演员在不同版本的同一部戏剧中演了不同的角色，有时候他也可能演的还是同一个角色，但他的年龄、阅历和表演都有所不同，这形成了一个很有意思的参照。

战玉冰：近几年国内悬疑题材影视剧很是火爆，比如"迷雾剧场""唐探宇宙"，等等，这种悬疑影视剧的热潮对悬疑和推理题材的话剧会有怎样的影响？

林奕：观众的观赏体验更丰富，对于作品的要求也就更高，诸如推理的严密性、最后反转的刺激与合理性，等等。这反过来也能看出克里斯蒂厉害的地方，她的作品过了这么多年，竟然还能符合当下观众对于悬疑和推理的要求，实在是太不容易了。

同时现在观众对于舞台的呈现、戏剧的节奏等方面的要求也会更高。比如在《蛛网》今年"复排"时，我们就会考虑到增加表演的密度、整个戏剧的节奏，以及喜剧场面的浓度。现在上演的时长和十年前一模一样，但我们在里面其实增加了很多内容，所以实际的表演节奏是加快了的，整个舞台也变得更热闹了。

战玉冰：我看《蛛网》这部剧，想到的是希区柯克的电影《怪尸案》（又名《哈里的麻烦》，1955 年），那也是一部围绕一具尸体而展开的悬疑喜剧，不过和现在你们排演的《蛛网》相比，戏剧密度上确实差别很大。当然也不是说哪一种节奏和密度更好，只能说现在观众更倾向于快节奏和高密度的戏剧。

林奕：英式喜剧不乏这样的题材，大学刚毕业时我参演过一部上海话剧艺术中心制作的戏叫 *Out of order*，中文剧名叫《乱套了》，也是围绕一具"尸体"所展开的英式喜剧。其实排《蛛网》这种悬疑喜剧最大的挑战还在于，如何在让观众笑到前仰后合的同时，还要把和前后推理有关的细节和信息准确地传递出去。

战玉冰：具体要怎么做呢？能举个例子说说吗？

林奕：比如探长接到报警来到庄园时，我们强化了几个"心里有鬼"的剧中人物的任务和动作，也就是阻止探长发现暗室的秘密。他们表现出对探长所说的信息有极大的兴趣，利用这个来吸引探长的注意力，不让他往暗室的方向走。这样既在舞台上形成了动作和反动作，营造了喜剧效果，又强化了探长所说的信息，引导观众推理。

战玉冰：这个设计太好了，几个人物既保证了舞台上的戏剧冲突和喜剧效果，同时又成为观众倾听的引领者。

林奕：其实这一切是克里斯蒂早就给我们设置好的，我们只是挖掘出了她规定好的情景本身，强调了角色的动作，把它们呈现出来，用现在观众更容易接受的方式把信息传递给观众。克里斯蒂的剧本本身就是取之不尽的资源。

访谈时间：2024 年 4 月 15 日

小白：
东方谍影

● **小白**

上海作家，第七届鲁迅文学奖中篇小说奖得主，著有谍战小说《租界》《封锁》等，另著有随笔集《好色的哈姆雷特》《表演与偷窥》。

在中国当代文坛上，间谍小说或许是被主流严肃文学界认可度最高的一种小说类型，比如麦家的《暗算》、孙甘露的《千里江山图》都获得过"茅盾文学奖"，小白的《封锁》获得过"第七届鲁迅文学奖中篇小说奖"，获奖在一定程度上意味着被接纳、承认和肯定。

但小白的小说说到底又不是真正意义上的间谍小说，正如他自己所说，他所感兴趣的并不在于间谍小说这一类型，而是人应该如何面对困境，以及叙事上的多种可能性。的确，以他的小说《封锁》为例，这篇小说在谍战题材之下，其实是一个讲述虚构如何侵入现实并最终改变现实的故事，或者我们也可以说这是一部关于小说的小说，是一部"元小说"。通过这部小说，我们能真正地感受到小白坚信的虚构所具有的力量与精彩。所以，这次和小白的访谈，我们并没有局限于悬疑、推理、谍战等具体的小说类型，而是更多涉及什么是小说，怎么写小说，什么是虚构，真实与虚构之间的关系是什么，写作过程中知识如何转化为经验等更加偏于形而上的问题。

当写作者在这些问题上有了比较深入和明确的思考之后，具体的小说类型就只不过是一种他完成思考与写作所使用的中介物，这个中介物可以是间谍小说，也可以是其他小说类型，而在《封锁》之后，小白也的确开始了新的类型写作尝试，于是就有了后来的科幻小说《"发挥你无限的潜能"》和悬疑小说《离岸》。甚至小白的《租界》与《封锁》经常被放置在上海城市书写的脉络中进行讨论，但在他看来，上海也只不过是一个思考与写作的中介物，他可以写上海，也可以写拉罗汤加岛，小说类型可以改变，书写对象可以改变，但小说写作的本质却是不变的。

——采访手记

好的小说应该能够呈现出生活的复杂性

战玉冰：小白老师好，你的代表作《封锁》《租界》都是民国时期发生在上海的谍战故事，为什么会对间谍小说这种类型感兴趣？

小白：其实我倒也没有特别青睐于间谍小说这个类型，比如悬疑小说、科幻小说，我也都很有兴趣。但间谍小说吸引我的地方在于小说中的环境给故事中的人物造成的压力，对于间谍小说的主人公来说，每个人都要追查他、找到他，整个环境都是在和他作对的。在这样一种压力和约束之下，小说主人公还要去完成他的任务，实现他的目标，要努力战胜环境，间谍小说中的这种特质是我很感兴趣的地方。

间谍小说的另外一个特点是小说中人与人之间相互不了解，大家彼此间信息不对等，有着各种怀疑、推测、判断，比如需要根据一些微小的迹象去预判对方的行动，甚至推导出整个行动的模式。这就可以和现代小说中对叙述视角的运用相结合，通过不断变换视角来讲故事，有时候甚至需要从一些侧面的、边缘的、狭窄的视角出发去完成叙述，具有一定的实验性。我觉得间谍小说是对小说叙述的一种很好的实验文体。

战玉冰：个体如何在困难和逆境中展开行动、完成任务，是情节内容层面的设计难度所在；小说中信息的不对等或者未知，需要写作者在叙述视角上有更多的变化和探索，则属于形式方面的挑战。相当于间谍小说在这两个意义上比较符合你对于小说写作的期待和要求。

小白：是的，间谍小说叙事技术上的"难度"比较吸引我。这种故事里的人物有强烈而且错综复杂的动机，作者要设法把所有动机在叙事中呈现出来。通过他们的行动、对话和互动关系，把故事中各种人物的"意向性"展示给读者，这件事情本身就很有意思。况且，这样的写作也确实可以将真实社会人生投射其中，因为社会本来就是由各种各样的人、各种各样的意向性构成的。就好比说，人们会从《潜伏》中读出办公室政治。

战玉冰：说到叙事视角，你的小说中通常都有着非常精妙的结构设计。汤惟杰教授说你有"结构癖"，比如《封锁》一共 25 个章节，除了第 13 节插入了"鲍天啸"自己写的小说，是第一人称视角，其余前后各 12 个章节的内容在真实和虚构之间形成了对称式结构，可以正着解读，也可以反着理解。又比如《租界》全书一共 57 个章节，每一节都会通过一个不同人物的视角来推进故事，形成了一种"移步换景"的错落之感，使得整个小说在叙事变化上非常复杂。而这种复杂的视角变化又恰好对应着小说里人物身份和情报信息的复杂。在你的小说中，1931 年的上海滩上，活跃着国民党政府人员、租界警察、共产党地下党、帮派混混、新崛起的恐怖分子、贪图爆炸性新闻的小报记者、白俄军火贩子、越南买办、韩国流亡政府成员等各色人物，其中还有很多人物身份上的隐瞒与欺骗，你怎么看待小说中的这种复杂性？

小白：文本结构不仅仅是小说的形式，从某种角度看，它更是一种"心理结构""认知结构"，作者构建小说结构，本质上不是要展现文本设计能力，而是为了让读者更容易进入、了解那个叙事迷宫。对读者来说，任何小说都是一个叙事迷宫，当然有些迷宫简单，有些迷宫复杂，传统章回体小说也有一种结构，对一个从没读过小说的人来说，它也可能像个迷宫，也有一些构建技巧，像"花开两朵各表一枝"之类。

结构是作者在整个写作过程中渐渐形成的。作者最初只有一些模糊的印象，他从那个起点开始构思，整个故事在很长一段时间里，对作者自己也像一个迷宫，他慢慢进入，叙事慢慢成形，变得有秩序，好的小说结构，就是作者找到了一个好的叙事秩序。小说是作者和读者之间的一个游戏，作者一面引诱、一面躲避，都是为了让读者去发现，读者首先要做的就是去发现作者头脑中的那个叙事秩序。

小说叙述对我来说是一种复杂的训练。小说中有各种各样的人物，他们有着各自不同的身份、不同的动机，对待事物有不同的反应和判断。而作为写作者，我就需要去琢磨这些东西，每个小说人物所做出的反应都应该是他自己的反应，他所说的每一句话都应该是他自己在说话，而不是作者在说话。但是小说内在地存在着一名"叙述者"，他与这部小说的文本意图共存，这个"叙述者"并不是小说作者自己，他是为了实现小说文本意图而存在的。"叙述者"的动机是实现文本意图，所以作者既要让小说中各种人物的动机去推动小说，同时又要让这种推动整体上实现文本意图。

生活本身就是非常复杂的，好的小说也应该能够呈现出生活的复杂性。比如在上海这样一个有两三千万人生活的大城市里，每天都有大量的陌生人在街上与你擦肩而过，甚至隔壁的邻居对你来说可能也是个陌生人，这样我们就会想要去了解，乃至理解他们的生活，小说就提供了这样一种了解别人生活的可能性。

战玉冰：你的这个说法很有意思，让我想到你的一本随笔集的名字，叫《表演与偷窥》，在你看来，似乎读小说就是一种"偷窥"别人生活的过程，而小说中的每个人物都在"表演"他们自己的生活。

小白：差不多可以这么说吧。小说是一个模拟的社会环境，有一些人物在其中生活，通过一些事件、一些戏剧性的时刻、一些日常生活当中的断裂，暴露出社会生活更为内在的、隐藏的、本质性的东西，最后被读者看到。这就是一个"表演与偷窥"的过程。这与我们的现实生活也有某种投射关系。我们每个人在社会中的形象，所谓"人设"，其实也是一种表演。同时我们还会有一种冲动，想要去看到这个"人设"背后更为真实的人性与动机，这也是一种"表演与偷窥"。所以我觉得"表演与偷窥"是现代生活中比较本质的一组关系，在"表演与偷窥"的意义上，小说与生活是同构的。

"写谍战剧，是一个复杂的工程"

战玉冰：21世纪以来有一波国产谍战题材影视剧的拍摄热潮，不知您对这些谍战剧有什么看法？

小白：我还是比较喜欢看谍战剧的，自己也参与过少量的影视剧编剧工作。我觉得对于一部优秀的谍战剧来说，编剧的工作难度非常大，比方说，与小说故事相比，影视剧故事需要更明确的情节线、时间线、信息线。影视剧在屏幕上制造某种"现在进行时"幻觉，让观众保持"悬置怀疑"的状态看起来比小说似乎容易一点，但是稍微有一点点错乱，观众也更容易产生怀疑，要求有更高的精确性。在这种情况下，要编织三条线索并合理分配，能把这点做好的谍战剧就不多。《潜伏》是其中相对比较完美的作品，剧中每一步都有着非常清晰的叙事目标，然后又能很准确地去完成这个目标。相对而言，李安的电影《色，戒》就是另外一种风格，它的故事本身很简单，但叙述方式、镜头语言和演员表演都处于不那么清晰的状态，整部电影充满了一种含混的、多意的、暧昧的东西，有着复杂的寓意。

战玉冰：你写过间谍小说，也从事过相关题材的影视剧编剧工作，那你觉得二者在工作方式上有什么区别吗？

小白：可以说完全不一样。我觉得近年来国产剧的制作能力越来越强，但编剧方面依旧是短板。以谍战剧来说，编剧除了需要考虑怎么塑造人物、怎么编织故事、怎么完成情节上的起承转合，同时还要在恰当的时间点把相应的信息传达出去。就像我刚才说的，情节线、时间线、信息线要完成相互之间精准的配合，一旦有偏差，不该被知道的消息泄漏了，不该发生的情节发生了，人物莫名其妙地转变了，在观众看来，整部剧的情节就会出现漏洞，人物行为就会缺乏说服力，故事看上去就会有些牵强，而当这种牵强的地方累积多了，整个故事就难以让人信服。总之，谍战剧的编剧是一个非常复杂的工程，以我有限的体会，比如说你想让观众得到一分"烧脑"感，编剧可能要做到十分的"烧脑"。这是一项需要相当高智力的写作，甚至很多情况下不是一个人的智力可以完成的，而是需要一个编剧团队之间的默契配合与共同努力。

把知识转化为经验

战玉冰：张悦然主编的 MOOK《鲤》，最新一期叫《严肃点！文学》，其中有一篇你讨论约翰·勒卡雷的文章《虚妄反倒是真相：论勒卡雷》，写得非常精彩。我们一般把推理小说、间谍小说划分为类型文学，好像它们和严肃文学之间天然存在某种区别和界限。但像约翰·勒卡雷这样的作家似乎是可以跨越这个界限的，你怎么看待勒卡雷的小说？

小白：我们刚才聊到小说的叙述视角问题，约翰·勒卡雷在小说叙事视角上给予我非常多的启发，我20世纪90年代就读了他的《寒风孤谍》（按：现通常翻译作《柏林谍影》）和《锅匠，裁缝，士兵，间谍》，感觉他几乎运用了所有可能的叙事视角，比如隔着门听别人打电话的只言片语，或者对一个毫不相干的人模模糊糊的片段式印象，甚至是一闪而过的记忆，等等。他经常采用那种非常侧面的、狭窄的、间接的视角来推进叙事，读者要非常小心地读他小说中的每一个句子，其中都有着特别精巧的设计。如何运用最恰当的叙事视角来讲故事，我觉得是勒卡雷的小说给我最大的启示。

另一个像你所说，可以跨越类型文学与严肃文学边界的作家就是翁贝托·埃科，我觉得他有一种可以把知识转化为经验的能力。作为欧洲中世纪研究的学术专家，埃科当然阅读过大量相关的历史与宗教文献，掌握了相当丰富的知识，但我们看他的《玫瑰之名》和《傅科摆》等小说，不会感觉那是干巴巴的知识，也不会认为作者在那里掉书袋，而是作者将这些他平时通过阅读积累下来的知识在头脑中进行长时间的酿造和发酵，最终变成了他的某种经验性的东西，然后在他写作时就很自然地出现在他的笔下，就像是我们当代人在写当代生活背景的小说一样自然，这一点给我的启发很大。我自己在写作《租界》的时候，也采取了类似的处理知识的方式。比如我会大量阅读当时的各种报刊、档案和文献，每天都是长达几个小时的饱和式的阅读。但在这一过程中，我又不会像学者一样做笔记、做卡片，而是单纯地阅读。这样读了半年甚至一年之后，我就停止阅读，开始动笔写作，写作过程中也不会再去特别查阅资料，也不去管自己最终记住了多少，忘记了多少，这其实是试图让我此前头脑中留下的东西自然地在笔下浮现出来，把知识转化为经验。所谓经验，是由头脑中的记忆和遗忘所共同构成的，记住的和忘记的加在一起才是经验，这是埃科给我的启示。

战玉冰：谈到你的小说《租界》，我印象很深的一点是其中涉及大量民国时期上海的档案文件、电影画面、街道地图、建筑照片、航班时刻表、赛马纪录、收发票据等内容，历史信息非常丰富、翔实，李敬泽老师曾评价你的这部小说写作是"以一种考古学家的周详……和一个诗人的偏僻趣味，全面地重建这座城市"（李敬泽《摄影师、炼金术士及重建一个上海》），而你的另一部小说《封锁》获得"鲁迅文学奖"时，颁奖词中也有着"周详赅博的细节考据"的称赞，你怎么看待这种小说写作中的"考古学家的周详"？

小白：我在写作《租界》的时候，对 1930 年代上海的相关历史资料进行发散式阅读，当时几乎是把所有能找到的材料都读了，我很想搞清楚民国时期的钱庄是怎么运作的，或者那时候一个人想要去赌马的话，他该怎么玩，马票又是什么样子的。

战玉冰：我知道你在写作时会特别去查某一天的潮汐时刻表，然后决定小说中那天船应该在几点靠岸，因为现实中船是在涨潮时靠岸的。但说实话，小说中的这种事实细节就算写错了，也并不会影响读者的阅读体验，它好像已经远远超出了我们对于一名小说作者案头工作的期待和要求。

小白：这完全是我自己的好奇心在驱动，我就是想着一定要知道这件事，然后去不断地查资料、不断地阅读。比如我在徐家汇藏书楼看到过一本当时赛马会印制的《赛马守则》，里面不仅有参赛的马的名字、骑士的名字，还有他们比赛开始时如何喊口令，等等，我都看得很仔细。看这些内容倒不一定是为了在小说中写出相关的细节，但我确实把它们都存在印象里了，当然记住一些，也忘了一些，后来等到真的写作的时候也不会再去查阅一遍了。

战玉冰：这就是你刚才说的把知识内化为经验的过程，等到真的变成经验了，是不需要专门再去记忆和查阅的，而经验也不一定都是百分百准确的。

小白：是的，就是把通过阅读获得的知识和信息在头脑中变成一种类似于自己真正生活过、经历过的经验，然后用这种经验来写作，这种感觉才是对的，而不是直接在小说里搬运知识，那样的话叙事就会缺乏某种质感。

战玉冰：就是让你自己获得一种在 1930 年代的上海生活过的感觉和经验。

小白：还不是我本人的经验，而是小说中的叙述者，他需要有在那个环境里生活过的经验，我为了虚构出这样一个叙述者，而去阅读大量的文献，把这些文献在我的头脑中通过记忆与遗忘的某些机制发酵成他的经验。

战玉冰：另一个与之相关的问题就是，你做了这么多历史材料的阅读和积累，但最后选择的写作形式却是虚构的小说，你如何看待小说中的真实和虚构问题？这里我想到你的小说《租界》中萨尔礼少校的那句话——除此之外，我们别无真相，"真相就是一大堆文件"，感觉你似乎并不相信真的有历史真相。

小白：也不能说历史就没有真相，历史事件发生时当然有它真实的过程。但我们后来叙述历史的时候，则不可能完全抵达这个真实。甚至在小说写作中，接近历史真实也不是我的目标。我的写作目标是，用我能掌握的文献、知识、经验，去构建一个我自己的叙事，建立一个自足自洽的世界，这个叙事和世界在很大程度上和我所写的时代，以及和我自己所生活的时代，彼此间都存在一定的映射关系。读者在阅读小说的时候，能够从中体会到这种关联性，比如其中人物的行为模式、历史发展的模式，或者人性的模式，等等，但我并不追求去还原那段历史，事实上也不可能真的还原出那段历史。这样来看，与其假设我们能够逼近历史真相，不如退一步去逼近那些历史文本，这就是我小说中萨尔礼少校那句话的意思。

战玉冰：那你有想过写纪实类作品吗？比如像魏斐德"上海三部曲"那样的历史研究著作，或者保罗·法兰奇的《午夜北平》《恶魔之城》这样的非虚构作品。

小白：至于最终选择写虚构的小说，而不是非虚构性质的作品，是因为我还是相信虚构的力量和精彩。我们现在有一种说法叫"现实比小说更精彩"，但其实当我们这么说的时候，已经暗含了一个前提标准，就是我们是在把小说作为某种标准来衡量生活。所以我们也完全可以说，正是因为小说为生活提供了某种标准，生活看起来才有可能更精彩，这就是我选择写虚构性质的小说的原因。同时选择写作虚构的小说也并不是说就不需要扎实的历史文献作为基础，恰恰相反，我在以前的访谈中也谈过这个问题，如果说写非虚构或者纪实性的作品需要读一百种文献资料，写虚构作品可能需要读五百种，因为在非虚构写作中，读文献是为了确认事件的发生，而对于小说写作来说，确认事件发生只不过是起点而已，我们需要读更多的文献来拓展想象的空间。

战玉冰：我想起你以前说过的一句话：写非虚构和虚构类作品都需要对被书写的历史、城市、事件很熟悉，但那不是同一种熟悉。现在来看，可能非虚构写作需要的是知识上的熟悉和准确，虚构写作则需要经验上的熟悉和亲近。

小白：确实如此。

束缚有时候反而是一种自由

战玉冰：除了勒卡雷和埃科之外，还有哪些小说家对你影响比较大？

小白：我特别喜欢司汤达，他的《帕尔马修道院》《红与白》几乎是我的案头书，放在边上没事时就随时翻翻。我很难具体说出司汤达对我的影响到底是什么，可能是他那种既非常松弛，又激情澎湃的叙事吧，同时他小说中所有的细节、动作、语言都非常准确，我每次读他的小说时都会从写作者的角度去感受他的写作状态，我读麦克尤恩时也会有类似的读法和感受。我会在阅读的时候想象，要写出那样的文字，作者当时处于一种怎样的写作状态。有时候我觉得我能够体会到这种状态了，就试着写一段东西，把这种感受和状态固定下来，我自己写作时也会经常这样调整状态。

战玉冰：你说的状态主要指语感吗？

小白：不只是语感，还有小说的节奏，对于经验的表达，把控叙事目标的能力，等等。比如我自己写作时经常会被细节困住，找不到精准的表达，这时我就会去读一读司汤达或者麦克尤恩的书，去感受他们的表达，想象他们的写作状态，然后调整自己的写作状态。这个过程确实有点难以用语言说清楚。

战玉冰：我的理解是，当你写作遭遇瓶颈时，会以写作者的角度去感受司汤达，而不是以读者的角度去阅读司汤达。

小白：差不多是这个意思。

战玉冰：据我了解，你的小说《封锁》和《特工徐向璧》最初都是命题作文。比如《封锁》最初是为阚若涵的微电影《晚风》所写的一个剧本大纲，只有四五页纸，后来你把它扩展为一部 5 万字的中篇小说。《特工徐向璧》最初则起源于一部接龙小说，后来你把自己负责的部分改成了一部独立的小说。对于命题写作，你会感到有束缚吗？

小白：其实恰恰相反，命题小说不仅没有给我造成任何束缚，反而让我觉得非常愉快，有了命题之后，我反倒写得特别自在。如果让我自己随便选题，我可能会有太多的想法，有太多想写的东西，最后就不知道该怎么处理了，比如我现在正在写的小说，就是我自己选题，但中间经常会冒出很多点子，然后就会一直修改、推翻，一直写不完。而命题小说则让我可以更自在地写作，一般都能比较高效地写完。

战玉冰：就是束缚有时候反而是一种自由，当你不需要花太多精力去纠结写什么时，就可以更集中地去考虑该怎么写的问题，而你更享受这个写作的过程。

小白：差不多是这样。

战玉冰：除了谍战或特工题材的《租界》《封锁》《特工徐向璧》等作品，你还写过一部短篇小说《离岸》(刊于《小说界》，2018 年第 5 期)，这是一个发生在孤岛上的悬疑故事，小说的缓慢、冷静、舒适与准确，具有一种浓厚的英伦风味，非常"阿加莎"，为什么会想写这样一篇小说？

小白：你说这篇小说具有"英伦风"，确实是这样。我前几年到拉罗汤加岛上过了半个月，它是库克群岛的主岛。那个地方让我有很多新奇感。比方说，它曾是著名的国际洗钱中心，又比方说，因为前些年那里闹鼠灾，老鼠吃光了岛上所有的鸟蛋，导致这么大的一个岛上现在竟然连一只鸟都没有。很多岛上计划修建的酒店最后都废弃了，变成了烂尾楼，里面长满了野生的热带植物；我住的那家民宿的主人养了一只猫，名字就叫福尔摩斯……这些林林总总的岛上细节让我很想写一篇小说。最初的计划是写一部十万字左右的长篇小说，一个完整的侦探故事，后来因为手边有别的工作就耽搁了。但我又觉得不能把那段印象就这么轻易丢掉，就先写了一个短篇小说，这是一种初步的锚定，将来有机会我会把它发展为一个较长篇幅的侦探小说。

战玉冰：非常期待能早日读到这本新作。

访谈时间：2024 年 8 月 23 日

陆烨华：
推理何以喜剧

陆烨华

推理小说作者、译者，著有《今夜宜有彩虹》《超能力侦探事务所》《春日之书》等，译有《长夜》《阿加莎·克里斯蒂：书写自己故事的女人》等。

推理小说的风格不一定是紧张刺激，也可以是轻松幽默，这或许为我们欣赏这种小说类型打开了一片广阔的新天地。而且随着推理小说和不同的喜剧文化形式相结合，也呈现出丰富的叙事可能和审美意趣，甚至我们一般认为推理小说不善于塑造饱满立体的人物形象、语言表达缺乏风格化等弊病，也都可以借助喜剧元素的融入而得到改善。在这个意义上，"幽默推理"或"喜剧推理"无疑有着相当重要的写作实践价值。

一般观众对于"喜剧＋推理"应该也并不陌生，《唐人街探案》

系列电影就是其中一种颇带有本土特色的结合方式；对于推理小说迷而言，更多"喜剧＋推理"的阅读经验可能还是来自日本推理小说，比如东川笃哉的《推理要在晚餐后》，或者东野圭吾的《名侦探的守则》。实际上，"幽默推理"或"喜剧推理"其实有着更为悠久的创作传统，比如阿加莎·克里斯蒂的话剧《蛛网》，就在舞台上兼具了尸体和欢笑声。陆烨华作为国内喜剧推理小说创作的积极践行者，其小说中制造喜剧效果的方式也比较多样化，比如有阿加莎·克里斯蒂式的"英伦舒逸"，也有日式的搞笑吐槽，有温情的笑泪故事，也有反讽推理小说创作成规的"内部梗"……当然，还有更多的喜剧文化与推理小说相互结合的方式有待未来继续探索，比如近些年流行的脱口秀、素描喜剧，等等。我们不妨想象一个脱口秀演员作为侦探的形象，他会不会一边解答推理案情，一边讲段子？或者会不会有一部小说名叫《喜人谋杀夜》？"喜剧＋推理"的写作方式或许并不代表未来推理小说创作发展的主要方向，但绝对是非常值得期待的一支精锐奇兵，可以使推理小说的写作别开生面。

当然，"喜剧＋推理"为我们理解推理小说所带来的另一个重要启发还在于，它拓宽了推理小说的写作边界，不一定非要有谋杀案、不一定非要是专业的名侦探、不一定非要是恐怖的气氛，推理作为一种行为方式可以发生在日常生活的每一个角落，每一个人都可以在特定的场合下做一回侦探，在这些看似不那么惊心动魄的日常之谜中，人物情感的细腻和幽微就获得了更大的表现空间。而观察日常里不为人所注意的细节、关注每一个人身上的细微变化和成长、关心切切实实的生活和我们身边的一草一木，或许才是真正回到了推理小说乃至小说这种文学形式最根本的意义所在。

——采访手记

推理小说也可以很幽默

战玉冰：你是什么时候开始读推理小说的？

陆烨华：我小学时就读了《福尔摩斯探案集》，但当时并没有把它当成侦探推理小说来看，而只是把它看作一本世界文学名著，或者说当时的我还没有形成关于侦探推理小说这个文类的概念。真正读侦探推理小说应该是初中时看了西村京太郎的《双曲线的杀人案》，那是一个非常精彩的暴风雪山庄故事，可惜这本书的中译本后来一直也没有再版。在那本书的"后记"中，我才知道这种小说属于"孤岛模式"，而这个模式的灵感来源则是阿加莎·克里斯蒂的《无人生还》，于是我跑去看了《无人生还》，从此进入了阿加莎·克里斯蒂的文学世界，也开始进入了侦探推理小说的世界。

战玉冰：你是从阿加莎·克里斯蒂这里接触到带有喜剧风格的推理小说作品吗？

陆烨华：我高中时读到了阿加莎·克里斯蒂的《他们来到巴格达》，这并不是阿婆（即阿加莎·克里斯蒂）最知名的作品，甚至从严格意义上来说它都不能算是一本纯正的推理小说，而是一本谍战、冒险小说，但小说中欢乐、明亮的气质令我印象深刻。后来我又读到了本特利的《特伦特的最后一案》，这本小说和我以往看过的所有推理小说都不一样，侦探最后竟然失败了，虽然小说写作风格还是比较严肃的，但结局仍旧给我一种很滑稽、很荒诞的感觉，这可以说是我喜剧推理阅读上的启蒙。

战玉冰：你高中时读的《他们来到巴格达》应该是北京语言大学陆增璞先生早年的译本，你是因为特别偏爱这本小说，所以后来才会选择在小说再版时，亲自重译这本书吗？

陆烨华：是的，我当时看的推理小说很少有这种气质风格的作品，我一直都记着那种阅读感觉，后来有机会翻译这本书，当然不能错过。

战玉冰：你的推理小说写作，很突出的一个特点就是尝试将喜剧和推理相结合，我们一般的感受是，这两种文学类型之间似乎存在一定的矛盾或张力，比如喜剧要求产生的情绪是轻松、欢乐、好笑，侦探小说则经常涉及犯罪和谋杀等题材，其阅读情感体验上是多少有点紧张乃至恐怖的，你是怎么克服这其中的矛盾的？

陆烨华：我觉得这里面存在一种对于推理小说的刻板印象，认为推理小说就是专门写"血腥的谋杀"，比如经常有家长问我推理小说里面是不是有太多血腥、暴力、恐怖的东西，不适合孩子阅读。但其实大量的推理小说并不是围绕尸体而展开的，这些小说中的故事往往发生在日常生活中，没有杀人案，风格上也偏温馨，我自己就特别喜欢这种类型。但是要说喜剧和推理之间的融合是否存在张力，我觉得还是有的。我自己的一个创作经验是，在推理小说中融入幽默、喜剧元素，不能太依赖于好笑的对话，而是要通过情景的设定或者人物的特定行为去发掘或制造笑点。像我的《超能力侦探事务所》系列，就是赋予每个主角一个荒诞的超能力设定,比如拿东西永远拿不准,这种方式制造的喜剧效果通常还不错。而当时我也尝试过让小说人物在推理的过程中讲笑话,这时候就会显得比较出戏。另外一个创作的难题在于如何保持幽默和悬疑彼此间的张弛有度,如何在推理的严肃性和喜剧的轻松感之间寻找平衡,如何做到喜剧的加入不破坏推理小说原本的节奏感。

战玉冰：就是你的推理小说更多是依靠人物与环境之间的交互关系来完成幽默元素的融入,而不是依靠简单讲个笑话。我很同意你的这个看法,因为所谓"笑话",其实是脱离于故事之外,具有某种自足性或者独立性的,单独看它也要好笑。而你所说的情景的设定、人物的动作则是融合在故事发展过程中的,这样制造出来的幽默效果会更自然,推理小说原本的悬疑故事节奏也不太会受影响。

陆烨华：是的。我甚至觉得如果把握得当的话,幽默推理小说会产生 1+1＞2 的效果,一部小说会同时给读者带来两种情感体验和满足。而喜剧风格的加入,也为推理小说的叙事手法提供了新的可能。

战玉冰：我的另一个感受是如果说推理小说具有某种普适性,比如一个绝妙的诡计,或者一段严谨的推理,无论哪个国家的读者都会觉得它很精彩,那相比之下,喜剧似乎更多带有文化差异和地方色彩,不同地区的读者的笑点可能完全不一样。你在推理小说中融入喜剧风格时,是如何取舍和平衡的?

陆烨华：确实如你所说,阿加莎·克里斯蒂的英伦"幽默"风格,和我们晚清民国时期江浙沪一带的"滑稽"侦探小说,以及当代日本基于二次元文化背景的"吐槽"式推理，从喜剧文化上来看，彼此间差异很大，如果没有相应的文化背景，读者可能就很难理解其中的笑点。但喜剧的地域性有时候也可以用来弥补侦探小说人物塑造方面的不足，比如传统侦探小说中的人物，不论是侦探还是犯罪者，经常容易出现扁平化的问题，这时候加入一些带有地方文化特色的喜剧元素就非常有助于丰富人物形象。比如今年钟声礼的新作《熊猫骑士》，带有明显的川渝市井气和喜剧感，特别是其中的两个笨贼形象，让人印象深刻。

战玉冰：有点像《疯狂的石头》的那种感觉。

陆烨华：对的，甚至小说最后都没有说明故事到底是不是发生在成都或者重庆，但人物的行为动作、语言特色与思考问题的方式，都能让读者感受到这是只有在川渝地区才会出现的人物性格与故事情节，小说人物因此就"活"了起来。

战玉冰：近些年一直有关于推理小说如何本土化的讨论，其实加入一些地方喜剧元素倒也不失为一种本土化的有效方式。

陆烨华：是的。

战玉冰：以日本推理小说为例，老一辈作家中赤川次郎的"幽默"，与年轻一辈中伊坂幸太郎的"温馨"，或者东川笃哉的"搞笑"，就属于几种颇不相同的喜剧风格，而你的幽默推理小说创作，大概是介于这几者之间的某种状态。陆秋槎在给你的《今夜宜有彩虹》一书所写的"解说"中借助东川笃哉的说法，区分了"幽默推理"和"喜剧"两种类型，你怎么看待自己的写作，你觉得它更倾向于哪一种？

陆烨华：我的理解是，所谓"幽默推理"是在推理小说中加入幽默元素，比如赤川次郎的作品，这种写法的主要目的是缓解紧张气氛，增加故事的趣味性或者小说人物的魅力，核心还是解谜，幽默是辅助性的。而所谓"喜剧"则更注重角色之间的互动与对话，通过人与人之间的误会或冲突来制造喜剧效果，推理元素则显得次要一些，或者说推理也只是小说塑造人与人之间关系的一种方式而已。在这个意义上，我最初的创作是更偏向于"幽默推理"的，因为当时我是想写本格的推理小说，幽默元素只是为小说增加亮色的手段。而现在我会更加倾向于创作"喜剧"，我的小说关注的核心在于人与人之间的关系，以及人物本身的成长。这是我自己创作重心上的一个变化。

战玉冰：我读你的小说也有这种感觉，《今夜宜有彩虹》(2017年)的结局就已经开始走温馨路线了，《春日之书》(2020年)的故事重点更是在于营造一种人物关系，在主人公追寻真相的过程中，温情一点点地流露，人物形象也在渐渐地发生变化，到最后推理可能已经不是小说最重要的部分了。

陆烨华：这很大程度上还是受到阿加莎·克里斯蒂的影响，虽然她的小说中破案推理还是主体情节，但在案件真相大白之后，她还是会另辟一个章节把主角和配角的结局都讲一讲，我觉得她本质上是关心自己笔下每一个登场人物的，这体现着阿婆内心的某种柔软和善良，所以她的小说结局通常是上扬的，即使是很血腥的案件，最后也给人一种温暖的感觉。

战玉冰：是的，阿加莎·克里斯蒂的小说不但关心案件和真相，也关心每一个人，人物不再是只为情节和推理服务的工具，这一点非常可贵。

"三百六十行，行行出侦探"

战玉冰：近年来日本推理小说中有一类"崩坏的侦探"形象，其经常做出荒诞不经的推理和"伪解答"，也由此产生了某种喜剧效果，比如西尾维新、北山猛邦的作品，你怎么看待这一类的写作？

陆烨华：这是一种推理小说人物形象与叙事手法上的创新和迭代，你能感受到他们创作时的野心，就是想要打破传统推理小说的叙事框架。

战玉冰：我觉得如果说赤川次郎他们还是在想方设法探索"推理＋"式的写作，西尾维新这一批更年轻的作者则是在尝试颠覆推理小说的固有模式。如果说传统的推理小说是秉承了某种理性精神和求真欲望，是一种现代的小说类型，那么这些"崩坏的侦探"则类似于某种后现代写作。正如你所说，其中包含着强烈的反传统和游戏性特征。

陆烨华：是的，这背后可能涉及某种侦探小说的代际发展和变化。我们这一代和老一辈侦探小说作者与读者的一个重要区别在于，我们通常没有名侦探情结，谜团复杂、推理精彩、故事好看就足够了，名侦探本身并不重要，我在看福尔摩斯小说的时候甚至经常希望他出丑。基于这样的变化，"崩坏的侦探"才可能出现并流行。

战玉冰：有点"反侦探"的意思。

陆烨华：对的。另一个写法上的变化是，传统的侦探小说写作是借着助手的视角来写侦探，读者代入助手的视角，侦探也因此被神化；现在的侦探小说中助手往往是缺失的，没有助手打掩护之后，侦探身上的神性也开始剥落，慢慢被还原为一个普通人了，并且开始出现各行各业的侦探，他们都是普通人，不过有一点自己特殊的专业知识。

战玉冰：确实，当代推理小说中侦探的职业越来越泛化，甚至可以说是"三百六十行，行行出侦探"，小说主角借助对于自身职业的了解以及掌握的相关专业知识，可以发现我们一般读者无法察觉的细节，并由此展开推理，这已经成为一种非常流行且普遍的写法了，我甚至觉得这样的推理小说有着和职场小说相融合的趋势。

陆烨华：是的，在影视剧方面这种情况就更加明显，我觉得很多悬疑剧本质上是悬疑故事包装下的职场剧，比如说法医题材，我们看的不仅是一个犯罪案件，还有大量关于法医工作的日常。

战玉冰：法医多少还算和侦探小说关系比较密切的职业，我之前看王晓磊的《相声神探》，里面的侦探是一个民国时期天津的相声演员，小说以他为主角，借助查案的故事框架，把相声行业里的各种"行话"，以及当时天津江湖社会中的三教九流都写进去了。如果不是相声演员，不懂那些行话和规矩，就无法顺利查案。因为小说里的江湖艺人有自己一套特殊的语言系统，侦探必须要先进入这套语言系统之中，才能获得相关的信息，否则连最基本的家访都做不好。

陆烨华：这让我想起北村薰笔下的侦探春樱亭圆紫，他被设定为一名落语大师，日本的落语有点像中国的相声。这些小说都是把两种不同的文化形式相融合。另外正如我刚才所说，这样的侦探角色增加了多维性，一个查案的相声演员，这个人物形象设定就比一名单纯的职业侦探要具体、生动得多了，同时还可以借助这个人物把整个民国时期天津的市井文化展现出来。

战玉冰： 的确，侦探小说写作的难题之一在于侦探要如何开口说话，对于小说来说，人物语言是塑造人物的重要手段，但侦探小说中侦探的语言表达往往缺乏特色，似乎他的话语就是用于解释推理的工具。这时候选择在其中加入一点地方方言或者职业黑话，就更容易将人物语言变得生动活泼。同时这也有助于增加侦探小说的喜剧色彩，比如刚才说的川渝方言，以及相声行话，等等，人物不需要刻意去搞笑，有时他一开口，就已经很好笑了。

陆烨华： 是的，比如时晨的《侦探往事》也有意识地加入了一些上海方言。

"拯救意外感"

战玉冰： 与幽默推理小说，以及各种特殊职业的侦探人物相关的一种小说类型就是"日常之谜"。因为通常不涉及谋杀案件，以及其发生的场景往往就在我们的日常生活中，"日常之谜"似乎更适合与幽默、温情的风格相结合，你怎么看待这一类的推理小说写作？

陆烨华： 我自己特别喜欢"日常之谜"，我觉得"日常之谜"是比较贴近生活的，有一种天然的亲近感，使得读者更容易产生共鸣，也更容易将自己代入到故事当中。同时"日常之谜"大大拓展了传统推理小说的题材范围，不局限于谋杀案，它可以激发读者更普遍的好奇心。"日常之谜"可以讲的题材，以及小说的悬念点，都有着更为广阔的空间，比如一个物品的突然出现或消失、宠物的反常举动、社区里的细微变化，等等，都可以被写成"日常之谜"。

战玉冰：刚才说"三百六十行，行行出侦探"，那么"日常之谜"则可以说是"凡事皆可入推理"了。

陆烨华：是的，此外，非常重要的一点还在于，"日常之谜"比起一般的推理小说，更加关注小说人物的变化与成长，这也是我很看重"日常之谜"的原因。我自己写小说时也是更关注人物，先想人物，如果没有人物，我就没有办法去构思故事。

战玉冰：你这一点倒是令我感到有些意外，我感觉大多数推理小说作者，特别是"本格派"的作者，通常都是先想诡计，想到一个绝妙的点子，然后再将其敷衍成故事。

陆烨华：我每本书都是先想人物的，诡计的构思反而放到后面。我先设计好一个人物，然后再去考虑这个人物适合卷入什么样的案件。这个创作习惯可能是受到武侠小说的影响，因为武侠小说里最令我印象深刻的就是各式各样的侠客形象。我在《超能力侦探事务所》中设计了一个侦探叶飞刀的角色，灵感来源之一就是武侠小说。

战玉冰：有点类似于"小李飞刀"这种。

陆烨华：是的，但作为幽默推理小说中的人物，叶飞刀的技能设定是善于扔飞刀，却永远射不准。这样就赋予主角人物超于常人的特质，又让其存在某些根本性缺陷，最终至少保证了推理小说的平衡感，不会让主角太过于强大而影响整个情节。

战玉冰：你这种人物与故事的设计思路让我想到美国超级英雄电影，每个英雄都有自己超于常人的能力，但又都有着致命的缺陷，比如超人之于氪石，这样就形成了一种设计上的平衡。再比如早期的"漫威宇宙"，也是先有人物形象，然后根据人物形象的差异来设计了不同的影片类型，比如《钢铁侠》之于科幻片、《美国队长》之于谍战片，等等。

陆烨华：确实，虽然现在超级英雄电影有些让人感到审美疲劳了，但我写《超能力侦探事务所》时，这些电影正是非常流行、火爆的时候，它们对我的小说写作还是有一定影响的。

战玉冰：感觉你的《超能力侦探事务所》有点像后来我们常说的"设定系"推理。

陆烨华：是有点像，不过我当初写这个系列小说的时候，还没有"设定系"这个说法，"设定系"这个名词是在今村昌弘 2017 年发表《尸人庄谜案》之后才出现的。更早时候这类小说一般被称为 SF 推理，就是采用架空设定的推理小说。但我并不是想要凸显这些"超能力"的神乎其神，而是想把它作为小说人物最平常的特质之一，就像以前推理小说中会有左撇子或者红绿色盲的角色设定一样。

战玉冰：你的小说中另一个有意思的类型写法就是"突然推理"，所谓"突然推理"就是在小说没有讲到任何案件或给出任何线索的情况下，侦探突然指认某个人是凶手，然后就此开始进行推理，比如我们正在聊天或者下棋，"我"突然指认"你"是凶手，并开始推理。这种写法可以说是将推理小说的意外性推演到某种极致的状态，一般的推理小说是在案情本身或者凶手的身份设计上具有意外性，而"突然推理"是推理的过程经常令人感到非常意外。

你的《今夜宜有彩虹》中，就多次采用了"突然推理"的写作方式，而不同于一般的"突然推理"都是出现在短篇小说中，你却尝试在长篇小说里运用"突然推理"，你怎么理解这种写作方式？

陆烨华： 有两篇小说中的"突然推理"给我很大冲击和启发，一篇是日本作家梓崎优的《冻结的俄罗斯》，另一篇是时晨《五行塔事件》当中的一个短篇《缄默之碁》。从颠覆传统推理小说类型模式这个角度来看，"突然推理"和"崩坏的侦探"是异曲同工的，如果说一般推理小说是"设置悬念—解答悬念"的模式，是正面摆开架势讲故事，那么"突然推理"则类似于一种偷袭，它把推理过程的出现本身作为一种悬念来营造。读者被作者偷袭成功，会产生一种格外的乐趣，这也是推理小说的美学之一，读者在阅读推理小说的过程中是享受被骗和失败的。

战玉冰： 这种"突然推理"的偷袭成功有点类似于"叙述性诡计"，后者刚被发明出来的时候也给读者造成一种很大的意外感。

陆烨华： 是的，推理小说是一种越写越难写的小说类型，随着读者阅读量的增加，作者越来越难以超出读者的预期，很多时候读者还能反过来预判到作者的预判，这时候推理小说就丧失了意外感。而"叙述性诡计""崩坏的侦探""突然推理"的出现都是作家突破推理小说传统写作模式、拯救意外感的手段和发明。

喜剧如何融入推理

战玉冰： 你刚刚说到侦探小说中"助手的消失"，你有一本书，名字就叫《助手的自我修养》，其中很多情节是对侦探小说本身的吐槽，它需要读者有一定的侦探小说阅读积累，然后才能"get"其中的笑点，又比如东野圭吾的《名侦探的守则》也是基于对侦探小说本身的吐槽和反讽，你怎么看待这类小说写作？

陆烨华：脱口秀表演中有一个说法叫"内部梗"，就是借助演员们之间的关系，或者观众对于演员的印象来制造笑点，这往往会很有效果，但说实话，也有点偷懒，并且"内部梗"玩多了会引起观众的厌烦。侦探小说中也有很多"内部梗"，比如我在小说里故意"黑"一下东野圭吾，或者吐槽一下暴风雪山庄模式，可能会有很好的效果，但这和写作技巧本身没有太大关系。同时对于刚刚入坑的推理小说读者来说，他可能就不知道你在写什么，你的"内部梗"对他来说是完全无效的信息，这也算有利有弊吧。

战玉冰：这其实是一种更容易的写作，就像"内部梗"并不是基于对社会现象的细致观察而写出的段子，其中多少有点投机取巧的成分。

陆烨华：对的。所以我觉得这种写作方式可以偶尔玩一下，但总体上还是要慎重使用。

战玉冰：说到脱口秀，近些年有很多新兴的喜剧形式在国内非常流行，比如脱口秀、素描喜剧（sketch）、漫才，等等，你有没有想过把这些新的喜剧形式和推理小说相结合？

陆烨华：我觉得是完全可以结合的，但不是生搬硬套。比如我理解脱口秀和推理小说的共同点在于，它们的基础都是对现实生活的细致观察。而素描喜剧则是基于一个"game点"（喜剧中的关键点或有趣之处）不断推进、放大，这也完全可以转化为在推理小说中发现生活里的一个细节，在此基础上不断做出推理、演绎。换句话说，这些喜剧形式和推理小说本质上是具有一致性的，特别是我们前面说的"日常之谜"，在其中加入一些脱口秀或者素描喜剧的元素或段落，可能会很有意思。

战玉冰：那比如近些年比较出圈的《唐人街探案》系列电影，其实也不失为一种推理和喜剧的结合方式，并且还是那种贺岁档的笑闹喜剧风格。我第一次在这个系列电影里听到青崎有吾的名字时感到十分震惊，看来导演和编剧团队在推理方面还是做了大量功课的。你怎么看待这个系列的电影？

陆烨华：我觉得"唐探"系列本质上还是热热闹闹的喜剧片，案件推理元素在第一部中还显得比较重要，到后面就变成了简单的喊口号，是装饰性的东西。比如里面提到"奎因手稿"，虽然显得很专业，但它和整个故事其实是没有关系的。对于绝大多数奔着贺岁档去看电影的观众来说，不知道青崎有吾或者"奎因手稿"也完全不影响观影体验，而对于推理迷来说，这就相当于多了一个彩蛋。说到底，我觉得"唐探"票房的成功还是归因于它是贺岁喜剧片，而不是因为它在推理上做得有多么出色。

战玉冰：我觉得《唐人街探案》票房成功的另一个原因在于影片的跨国设定，三部影片的故事分别发生在泰国、美国、日本。这里面除了审查的问题，更重要的是为春节假期在国内看电影的观众提供了一种异域想象，那些春节期间没有出国旅游的观众可以在电影院里跟着影片中的王宝强和刘昊然"云旅游"一番。

陆烨华：我非常认同你这个说法。

战玉冰：另一类大概可以称之为"喜剧悬疑片"的电影，比如宁浩的《疯狂的石头》《疯狂的赛车》，曹保平的《追凶者也》，等等，其中不一定有严密的逻辑推理过程，它们更多是把悬疑案件和喜剧相结合，你怎么看待这一类作品？

陆烨华：我很喜欢这类作品，它们起码有三个优点：一是喜剧片和悬疑片都是以小博大的电影类型，不需要太多的前期成本投入，而更多依靠剧本设计的精巧、演员表演的到位。二是悬疑和喜剧很多时候可以互补，喜剧片的一个缺点在于容易在情节整体上散掉，以及被指责单纯搞笑，缺乏深度；而悬疑则可以提供一个完整的故事框架，还有助于增强故事的深度，层层探索，抽丝剥茧；与此同时，悬疑借助喜剧元素，又可以增加趣味性和轻松感，把一些观众身上的观影包袱卸下来，增加影片的受众。这些影片构造喜剧的方式，很多都是充分挖掘地方元素，比如刚才我们聊到的方言问题。三是这些悬疑喜剧通常会采用非线性叙事或多线叙事等手法，探索了国产电影讲述复杂故事的可能性，也带来了更为多元的影片风格。

战玉冰：悬疑和喜剧结合的另一个特点是，不同于推理小说最终追求唯一正确的解答，"真相只有一个"，悬疑叙事往往在叙事过程中保持着一种强烈的不确定性和未知感，而它所结合的喜剧类型也经常是黑色幽默，或者是最终走向荒诞的结局，这其实形成了一种反主流美学的叙事，表现出一种命运的不可掌控感，它充满了偶然性。

访谈时间：2024 年 8 月 27 日

陈渐：
历史推理与"西游精神"

陈渐

推理小说作者、编剧，代表作有《西游八十一案》系列（共5部），另著有《大学桥》《地下有耳》《弗洛伊德禁地》《帝世纪》等。

小说《西游记》的后世改编不断融合着不同时代的社会历史文化，比如 1980 年代央视版电视剧《西游记》，其中"敢问路在何方，路在脚下"这句脍炙人口的片尾曲歌词就与当时"黑猫白猫""摸着石头过河""走向未来""奔赴四个现代化"等时代话语之间存在着内在一致性，而 1990 年代周星驰的电影《大话西游》则呼应了中国初代互联网文化、解构文化与"无厘头文化"；21 世纪之初的网络小说《悟空传》又明显将孙悟空和青春反叛文化相结合，而最近几年马伯庸的《太白金星有点烦》以及动画片《中国奇谭·小妖怪的夏天》，又都将西游文化和当代职场文化联系在了一起；一直到当下火爆出圈的游戏《黑神话：悟空》……"西游故事"被一代代作者结合自己的时代经验反复讲述，历久弥新。从这个意义上来看，陈渐的历史推理小说《西游八十一案》显然也是另一个版本的"西游记"，在这个西游故事里，玄奘法师变成了一名侦探，而我们跟随他侦探的脚步和眼光，看到的是唐朝的盛世气象、长安的繁荣热闹、西域的复杂格局，一幅鲜活的历史和地理图景由此在眼前缓缓展开。

正如陈渐所言，《西游记》不仅是中国的，也是世界的，甚至"西游"这个动作本身就意味着从中国走向世界，带有一种自我敞开、探索未知的精神内涵。而从小说《西游八十一案》到剧集《四方馆》，故事情节与人物形象虽然都有着大幅度的改变，但开放、包容的精神气质，却始终贯穿其中。或许也正是基于这个原因，当下的历史推理小说及影视剧创作，普遍更愿意选择唐朝作为故事想象的历史时空。

"一切历史都是当代史"，克罗齐的这句名言或许有些过于耳熟能详，但一切优秀的历史小说所指向的，确实都不仅仅是过去，同时也包含现在，以及现在所通往的未来。

——采访手记

从"社会派"到历史推理小说

战玉冰：你是什么时候开始读侦探小说的？

陈渐：我小学时首先接触到武侠小说，高一时从学校图书馆借阅了一套《福尔摩斯探案集》，读完后大感震惊，后来还看了一些日本的推理小说，以及美国作家埃勒里·奎因的作品。其中对我影响最大的作家是横沟正史，我当时陆陆续续读了他的《狱门岛》《本阵杀人事件》《恶魔吹着笛子来》等十几本推理小说，他喜欢将故事场景设定在昭和早期乃至更早的历史时期，在一些比较封闭的日本村落中，充分融合当地的风土人情与民俗元素，同时他的小说还是很严谨的本格推理，这一点对我有很大的启发。此外，我也很喜欢日本的"社会派"推理，松本清张的《点与线》《砂器》《零的焦点》，以及森村诚一、宫部美雪、夏树静子、山村美纱，一直到东野圭吾，他们利用悬疑推理小说来揭露社会现象，反映社会问题，这样一种写作方式更加具有震撼人心的力量，我觉得"社会派"给日本推理小说注入了一种巨大的、崭新的能量。

战玉冰：你是"70后"吗？

陈渐：是的，我是 20 世纪 70 年代末生人。

战玉冰：结合我们之前的几次访谈，我发现一个很有意思的现象，就是中国当代推理小说作家的代际性特征非常明显。比如我之前访谈的另一位作家呼延云，和你一样也是"70后"，你们的推理小说阅读轨迹就比较接近，比如奎因、横沟正史、日本"社会派"，等等。而像时晨这批 20 世纪 80 年代末 90 年代初出生的、更年轻一辈的作者，他们小时候最早接触的推理小说作家可能是岛田庄司。

陈渐：每个时代都有不同的流行读物，我是从 20 世纪 90 年代后期开始读推理小说的，那时候岛田庄司还没有被翻译引进。

战玉冰：对的，比如岛田庄司最为人所称道的代表作《占星术杀人魔法》，它的日文版在 1980 年代就发表了，但翻译和引进中国大陆则是在 2008 年，那时候正好是时晨这一代国内作者开始阅读推理小说的时候。对外国经典推理小说翻译引进时间的不同，形成了国内不同代际作者青少年时期截然不同的阅读经验，而这在很大程度上塑造了他们对于推理小说的认识与兴趣点，并影响到他们后来的写作方向。

陈渐：确实如此，后来更年轻一代的作者追求推理小说中诡计的华丽，很大程度上就是受到岛田庄司的影响。

战玉冰：我们刚刚聊到日本"社会派"推理小说，你觉得这些小说对你的写作有什么影响吗？

陈渐：之前的经典推理小说中——不论是福尔摩斯还是波洛——侦探总是游离在案件之外，但在很多日本"社会派"推理小说中，侦探开始介入到案件之中，他就是整个故事中一个不可缺少的人物，一个线索性、功能性人物，而不仅仅是一个置身事外的旁观者，这一点很重要。侦探小说不再是侦探揭开别人的秘密，更是要揭开侦探自身的秘密。甚至像东野圭吾的《白夜行》，小说中的一男一女，多年以来就处于相望而不可得、不断相互伤害的一种状态。这其实是一个非常凄美的爱情故事，作者把这个爱情故事揉进了推理小说中，相当于给后来的推理小说写作打开了一扇新的大门。

战玉冰：你的《西游八十一案》系列通常被归入到"历史推理小说"这个分类之中，你怎么看待这一类型？

陈渐：坦白讲，我最初开始动笔写《西游八十一案》是在 2011 年，当时还没有历史推理小说这种说法。那时候丹·布朗的《达·

芬奇密码》已经被翻译引进，火爆全球，后来国内还引进了他的《天使与魔鬼》《失落的秘符》等其他小说，其实都属于后来我们所说的以现代生活为背景的历史推理小说。我当时写过一本小说叫《弗洛伊德禁地》，就是利用弗洛伊德的生平经历和他的精神分析理论来构思的历史和心理悬疑小说，是学习《达·芬奇密码》的产物，但小说反响并不如预期。在此之后，我才开始以历史载入推理和悬疑的方法去写小说，就是后来的《西游八十一案》。几乎是同一时期，冶文彪开始写《清明上河图密码》，马伯庸的《风起陇西》《古董局中局》也陆续出版，大家都开始有意识地将历史小说和推理小说相结合，或者说将历史作为背景去构思悬疑和推理故事。

战玉冰：《达·芬奇密码》最早引进国内的时间是 2004 年，而国内最早一批受到其影响的历史推理小说作者也都集中在 70 后或者 80 初一代，比如你、冶文彪（1971 年）、马伯庸（1980 年）的很多作品，还有那多（1977 年）的《百年诅咒》等小说，也都可以放在这个脉络里来讨论。

陈渐：是的，当时我们（20 世纪）70 年代末 80 年代初这一代人，有几个主要的写作阵地，比如有些人混迹在天涯论坛的"莲蓬鬼话"或者"煮酒论史"版块；有些人在《科幻世界·奇幻版》（后更名为《飞·奇幻世界》）上发表作品，我和马伯庸都在上面写过历史推理小说；还有当时的《推理》《最推理》《推理世界》，以及蔡骏办的《悬疑世界》等推理类杂志，也都发表过一些历史推理小说。当时的阵地就那么几个，我们也是一群年龄相仿的人，大家的阅读经验和所获得的文学资讯也差不多，所以最终走到了同一个写作方向上来。

战玉冰：这很有意思。受到时代背景、阅读经验，以及发表平台的影响，同一波成长起来的作家彼此间可能就会有某种相似性。

陈渐：确实如此，一波作家成长起来，他们的背景往往会大致相同，如果背景不同的话，可能就是另外一波作家了。

历史推理小说中的"唐朝热"

战玉冰：你的《西游八十一案》故事背景发生在唐朝，近些年国内悬疑小说与影视剧中，似乎有一股"唐朝热"的兴起，比如马伯庸的《长安十二时辰》、魏风华的《唐朝诡事录》，以及大量关于狄仁杰题材的网络大电影。大概在十多年前，当我们想象一个充满阴谋、诡诈、权谋的故事时，似乎更喜欢将故事背景放在明朝，你觉得为什么近几年会出现这样一股"唐朝热"？

陈渐：这可能和我们想象中不同朝代的特点，以及小说、电影的类型都有关系。在以武侠类型为代表的武侠小说和武侠影视时代，比如之前的《新龙门客栈》等影片会把故事背景放在明朝，因为明朝是一个朝野之间博弈比较剧烈的年代，而且朝廷那边有锦衣卫、东厂、西厂等特务组织，这样的历史背景特别适合作为武侠小说发生的土壤，而武侠小说中被想象最多的朝代也正是明朝，江湖和朝堂、忠臣和阉党之间的斗争被反复书写。包括金庸的《笑傲江湖》，其中隐藏的历史背景也是明朝。

后来武侠小说渐渐衰落，言情小说兴起，而大多数的古装言情故事都发生在清朝宫廷之中，因为清代留下了很多有关帝王日常生活的故事和传说，比如康熙微服私访、乾隆下江南，等等，都是庙堂与民间交流互动而产生的故事。加上二月河《康熙大帝》《雍正皇帝》《乾隆皇帝》小说三部曲的推出，以及后来电视剧的改编，使得康、雍、乾时代的很多朝堂大臣和宫廷人物为广大观众所熟悉，所以后来再创作古装爱情戏时，就很容易将故事背景放在清宫，它有着良好的观众认知基础。

而现在文学与影视作品中的"唐朝热"，其实是因为唐朝的那种盛世气象，它更符合当代读者和观众对于我们国家的认知和想象，我们在看书和看剧的过程中更容易投射进自己的历史情感与自我认同。此外，正如你所说，很多关于唐朝的小说都是悬疑题材，这是因为唐朝真的是一个非常传奇的时代。万方来朝、中西交流特别频繁，各国人士与商品都聚集在长安，里面有大量可以展开文学想象的空间，可以说"传奇"这两个字是被刻在唐朝的骨子里的。魏风华的《唐朝诡事录》，能不能改成《明朝诡事录》呢？当然也不是不可以，但相比起唐代的宏大、开放、传奇，明代似乎是一个更加偏向写实的朝代，比如当时社会上对于不同官阶、身份和阶级的人着装上都有着严格的要求，等级制度森严。想要发挥想象力，似乎唐代更适合一些。

战玉冰：我很同意你的看法，当代流行文学与影视剧作品中"唐朝热"的兴起，和当代国家自信、民族自信的时代话语之间有着某种内在关联。

陈渐：是的，国家自信、民族自信，中国历史上能承载这种情感的朝代其实不多，主要就是汉代和唐代，尤其是我们现在的"一带一路"、中西交流，都推动了相关历史题材作品的创作。

战玉冰：比如今年热播的电视剧《唐朝诡事录》第二部，标题就是《西行》，是一个向西部出发、探索的故事，观众也跟着主角团一路西行，经历各种风土人情，感觉这就是另一个层面意义上的"西游记"。

从"取经八十一难"到《西游八十一案》

战玉冰：说回你的《西游八十一案》，以往我们想象唐朝的侦探，会更容易想到狄仁杰，包括《唐朝诡事录》中的主角苏无名和卢凌风，也都被设定为"狄公弟子"。相反，我们好像很难把玄奘和侦探形象联系起来，无论是历史上的玄奘法师，还是小说《西游记》中的唐僧，你为什么会选择玄奘来做小说中的侦探？

陈渐：确实，玄奘不像包拯、狄仁杰，历史上已经形成了某种侦探面孔。但如果看过《大唐西域记》和《大慈恩寺三藏法师传》，我们就会发现玄奘经历的事情非常离奇。他从长安出发，开始西行之后，走过当时的 110 多个国家，后来他将一路上的见闻记录下来，就是《大唐西域记》。书里不仅有各个国家的历史情况、风土人情，政治、军事、物产等内容，相当于现在的一本"白皮书"，可以为李世民攻略西域做参考，还记录了他自己一路上的各种离奇遭遇，比如他有一次在恒河上被绑架，当地人要将他烧死祭天，火都点好了，却突然天降瓢泼大雨，把火浇灭了，于是正在祭祀的当地人认为这个和尚肯定有神佛庇护，就把他给放了。我看了这些故事，觉得非常有意思，其中有很多可以进行文学想象的空间。

战玉冰：我们有时候可能会被《西游记》中的唐僧这个形象误

导,历史上的玄奘绝不是一个文弱之人,更不是一个书呆子,他一路西行,翻山越岭、跋山涉水、艰难生存,应该有着相当惊人的体力和意志力。

陈渐：是的,我觉得玄奘在这方面其实有点类似于《荒野求生》中的贝爷。

战玉冰：你这个类比太有意思了。

陈渐：玄奘在西行路上,有太多好玩的事了。我再举一个例子。在我(《西游八十一案》)的第二部《西域列王纪》中的最后一个案子,吐火罗国的国王咀度设被毒杀的惨剧,就是历史上玄奘亲身经历过的事件,我的小说创意也由此而来。我们过去总说唐僧师徒西天取经历经九九八十一难,而历史上玄奘法师经历的磨难中很多都是真实案件,于是我就把玄奘作为一名侦探人物,以侦探的视角重新进入他的西游旅程,这样"取经八十一难"就变成了《西游八十一案》。

战玉冰：关于玄奘西行的文学想象,最著名的作品莫过于小说《西游记》,如果说《西游记》是把玄奘的西行取经之路传奇化、神魔化,那么你的《西游八十一案》则试图把这些人物重新拉回到历史和现实中。比如你的小说里就出现了孙悟空、猪八戒、沙僧的人物原型,他们都是历史中的人物,能为我们介绍一下吗?

陈渐：按照我的设定,孙悟空的原型是《西域列王纪》中的阿术,他是一个小孩子,一辈子都被封在一个瓶子里。孙悟空和阿术虽然都身体矮小,但却神通广大,有着魔鬼一样的身手。至于猪八戒的原型则是高昌王子麴智盛,小说中他对于龙霜公主的爱慕显得比较偏执、痴狂,猪八戒身上也具有类似的特点,我就把它们结合到一起了。而沙僧最初是玉帝座前的卷帘大将，相当于是一名朝廷公务人员，我就将他的原型融入大唐使者王玄策这个人物中，而八百里流沙河也就相应被改成了莫贺延碛。大概是这么一种改编与对应的关系。大体上来说，我是把《西游记》中的神魔世界重新解构，还原为一个现实世界。其中历史人物和《西游记》的小说人物相对应，也是出于一种好玩的心态，想把读者关于《西游记》世界观的想象与记忆和我的这个系列小说中的人物与情节关联起来，让读者在阅读的过程中体验到一种解谜的乐趣。与此同时，小说中具体的历史事件又都是真实的，特别是小说中玄奘哪一年出发、什么时候走到哪里、遇到什么人等细节，都严格遵循历史记载。

战玉冰：你的《西游八十一案》系列，其中不仅有历史的和悬疑推理的成分，也有不少奇幻元素，比如第一部《大唐泥犁狱》中的"十八层泥犁地狱"，第三部《大唐梵天记》中的"转世轮回"。如果说你的小说是把《西游记》"去神话化"了，那么这些奇幻元素则可以说是一种"再神话化"，你怎么看待小说中的这些奇幻内容？

陈渐：正如我刚才所说，唐朝本来就是一个高度传奇化的时代，玄奘西游的经历，使得他回到长安时，身上也充满了神秘性和传奇性，一时间长安轰动，大家都想了解他这趟旅行中的遭遇和见闻。所以我在我的小说里增加了一点传奇的元素，但这些看似奇幻的内容，最后都可以在现实的和科学的层面上获得解释，毕竟它本质上还是一部历史推理小说。

战玉冰：《西游记》作为最具代表性的东方神魔小说，负载了一套东方神话和美学体系。而你的小说中很多奇幻设定来自我们所熟悉的西方文化体系，比如第二部《西域列王纪》中"大卫王瓶"

与瓶中魔鬼的故事来自《一千零一夜》，第四部《大唐敦煌变》中关于奎木狼的故事，也带有西方人狼传说的色彩，为什么会想到用这些西方元素来改编玄奘的故事？另外，最近非常火爆的游戏《黑神话：悟空》，也运用了一些西方神话和美学风格来改编《西游记》中的人物形象和故事情节，并因此遭到一些质疑，你怎么看待这一问题？

陈渐：《西游记》当然是一部东方神魔小说，但它本质上又是一个去西天取经的故事架构，因此必然会带入一些域外文化。我觉得《西游记》就相当于一个古代中国民间读者"开眼看世界"的窗口，处于农耕文明时代的一群人被固定在自己生于斯、长于斯的土地上，但他们又渴望看见外部的世界，了解不同的文化，于是就借助这部小说来想象世界。这也是《西游记》几百年来经久不衰的原因之一，它一定程度上弥补了当时中国人对外面世界认知和想象的需要，代表了一种封闭文化系统中开放性的一面。

从这个意义上来看，《黑神话：悟空》中加入西方美学元素，不仅不是一种缺点，反而是对小说《西游记》的补充和完善。因为在《西游记》写作的时代，吴承恩对于外面世界的了解还非常有限，很多时候他还只是出于一种想象。比如小说《西游记》中写师徒四人从长安出发，经过河西走廊，走到乌斯藏，就是今天的西藏，这在实际的地理路线上是不可能的，说明作者对这一带的地理完全不了解，更不用说西域的、中东的、波斯的和印度的风土人情，他也所知不多。而杨洁导演的"86版"《西游记》电视剧其实已经在努力弥补这一不足，比如剧中天竺国玉兔精的妆造，就有意融入了一些印度风格，但整体上来说融入的程度还不够。

而到了21世纪的今天，我们理应用更丰富的知识和对西方文化、美学更深刻的理解，来重新讲好西游的故事。特别是《黑神话：悟空》这款游戏的受众是来自全世界的玩家，我们应该在其中既做好本土化，也做好世界化，这才是真正的"西游精神"，一种高度开放、包容、探索的精神。

战玉冰：你这一点说得太好了。正是因为"西游文化"足够包容，能够在不同历史时期和不同的文化元素相结合，才获得了如此持久的生命力。

陈渐：正是如此。

战玉冰：并且我觉得《黑神话：悟空》不仅有世界化美学风格的一面，本土化也做得同样出色，比如游戏中有很多实地取景——重庆大足石刻、山西佛光寺、安徽天柱峰、陕西蓝田水陆庵，等等。我看到不少相关推送就是地方文旅单位借助游戏里的场景展示当地的旅游资源，感觉游戏的火爆很有可能会带动一波国内旅游消费，这就是本土化成功的表现之一。

陈渐：对的，世界性与本土性并不矛盾，小说《西游记》自身也带有道家、佛家等各种本土文化元素，有时候我们甚至不一定非要去区分哪些是本土的，哪些是外来的。佛教就是外来的文化，但它后来显然已经构成了我们本土文化中特别重要的组成部分之一。

历史推理小说一定要带有
历史文化氛围感

战玉冰：你的小说里写到大量关于唐朝政治外交与军事谍战

方面的内容，感觉那是一个外交局势和地缘政治都非常复杂的时代。

陈渐：确实相当复杂。比如玄奘西游的时候，唐朝西面是东突厥、高昌、西突厥，再往南是波斯，其中还有很多小国家，它们彼此间充满了外交斗争乃至军事战争，波斯甚至被阿拉伯打到灭国，地缘政治格局非常混乱。而南亚一带，当时印度也是南北分立，戒日王时期统一了北印度，成为一个强大的国家，但在戒日王死后，国家就分崩离析了，前后也只有几十年。印度与唐朝之间，还有我们比较熟悉的吐蕃，就是今天的西藏一带，松赞干布时期吐蕃开始崛起。整体上来说，那是一个世界政治格局大洗牌的年代，各种国家的兴起、衰落、分裂、篡权、灭亡，此起彼伏。玄奘当时就是游走在这些国家和土地上，他经历和目睹了这些国家彼此间的碰撞、挤压乃至战争。

战玉冰：我读《西游八十一案》的一个感受是，小说中人们好像普遍非常尊重玄奘，不管是哪个民族，什么阶层的人，都不会轻易杀掉玄奘。所以玄奘才能在很多危急关头化险为夷。这背后是因为当时西域各国普遍比较崇尚佛教和高僧，还是因为在外交军事上比较忌惮玄奘和李唐皇帝之间的密切关系？

陈渐：这个问题很有意思，你所观察到的玄奘经常化险为夷，好像是因为他在李世民和唐王朝的庇护下，但这其实是我虚构的情节。因为历史上玄奘在西游之前是不认识李世民的，他是偷渡出去的，但我们觉得他似乎是大唐官方派去取经的僧人，这完全是小说《西游记》给我们留下的印象。实际上更重要的原因还是玄奘西行，沿途的国家大多比较崇佛，对于崇佛的国家来说，随意杀掉一个高僧，是很严重的事情，所以真正保护玄奘的还是他的僧侣身份。当然，我小说里基本还是把宗教作为一种文化现象进行处理的。

战玉冰：写历史需要大量的案头工作和阅读积累，你在写作时做了怎样的准备？

陈渐：我每写一本书都要看差不多两年的历史文献，当把整个时代、历史、地理都梳理清楚了，才敢动笔。特别是写第三部《大唐梵天记》的时候，因为故事发生在现在的印度和巴基斯坦这两个国家，而这两个国家的历史材料又非常缺乏，它们不像中国有着强大的历史书写传统，很多东西都是记载在佛经中，很难作为信史来使用，这就给我找史料带来了非常大的挑战。我当时根据玄奘自己写的《大唐西域记》和《大慈恩寺三藏法师传》，也借助后来西方历史学者的一些研究专著和考古报告，才算是对当时的印度历史有了一定了解。写历史推理小说前期最大的难题就是需要大量历史知识作支撑，不掌握足够多的材料，就很难下笔去写历史。

战玉冰：你的《西游八十一案》一方面有着非常扎实的中国古代历史和地理知识，另一方面又充分走向国际化。据我所知，它已经有日文、泰文等多国语言的译本，同时还是首次入围"日本推理作家协会奖"的中国推理小说，你担心过过于硬核的历史文化知识会对海外读者阅读和理解故事形成壁垒吗？

陈渐：我觉得不会，就像我们当初读《达·芬奇密码》，里面涉及大量关于天主教的历史知识，我们其实也都不太懂，但这并不影响我们欣赏整个故事。对于外国读者来说，首先吸引他的是好看的故事，历史知识是潜藏在故事中的。我们的历史推理小说想要走出去，一定要带有我们民族的、传统的历史文化氛围感，而不能仅仅满足于讲一个放在哪里都行的故事，这是一个潜移默化的影响过程。当然如果有读者看过小说之后，非常有兴趣，想要深入研究里面的中国历史、地理和文化，那更是我所乐见的。

战玉冰：《西游八十一案》的第二部《西域列王纪》最近被改编为网剧《四方馆》，比起小说原著，剧集的改动幅度还是比较大的。比如最重要的主角玄奘没有了，而其他人物，比如阿术、龙霜公主等人的姓名虽然还在，但也和小说里的人物设定及故事情节几乎完全不同。你参与过改编吗？怎么看待这种改编？

陈渐：我没有参与到改编的过程之中，他们具体改编工作的过程我并不了解。但从小说到影视，确实是一个非常复杂、漫长的过程。比如影视作品可能需要一些男女主角之间情感互动的戏份，这样玄奘就不是很合适，可能制片方是出于这方面的考量，所以去掉了玄奘。此外，小说的故事发生地点是在高昌国，剧集则变成了以长安为原型的长乐城，还设计了一个鸿胪寺下面的四方馆，这个机构有点类似于外交接待单位，然后借助这个机构对西域各国的政治、外交、军事进行了一些想象。

战玉冰：我觉得最有意思的改编细节是剧集《四方馆》的英文名，*Go East*，而小说中玄奘西行的故事应该是 Go West，我觉得这个英文名的变化还蛮意味深长的。

访谈时间：2024 年 9 月 4 日

孙沁文：
密室永远令我着迷

● **孙沁文**

密室推理小说作者，代表作有《凛冬之棺》《雪祭》《写字楼的奇想日志》等，其中《凛冬之棺》获得日本"2024 本格推理小说 BEST10"海外榜第二名。

　　我们现在提到"密室"，可能更容易想到综艺节目《密室大逃脱》或者同类型的线下体验式游戏。这里的"密室"指的是一间上了锁的房间，玩家需要在房间里寻找线索、解谜开锁，最终逃出房间，以完成整个游戏。而推理小说中的"密室"则另有所指，其指的是一种物理空间上的不可能犯罪，比如死者死在房间内，门窗从内部紧锁，且没有其他暗门通道，那么凶手杀人后是如何离开房间的？甚至推理小说中的"密室"还不仅仅局限于其字面意义上的"封闭的房间"，而是有着更广泛的指代，一切物理空间上的不可能皆可视为"密室"。比如死者躺在一大片茫茫雪地中间，四周没有脚印，那么凶手是如何完成犯罪并离开的？又比如死者在一个人乘坐的热气球中被害，凶手又是如何完成"高空杀人"的？……

密室推理小说现如今作为一种小众的类型写作方向，其中包含某种内在的矛盾或者说自我的挑战。一方面，小说要设计出一个让人觉得不可思议的"不可能犯罪"，另一方面，作者又要去努力破解这起"不可能犯罪"背后的可能性，并最终给出足够合理的解答，二者间的关系颇有点像作者和自己在玩"左右互搏"。而写作密室推理、破解不可能犯罪似乎又可以称得上是一件"不可能的任务"（Mission：Impossible）。这是写作密室推理小说的难度所在，也是其乐趣所在。

写密室推理小说既像是戴着镣铐跳舞（题材类型的镣铐、物理常识的镣铐、现实逻辑的镣铐，等等），又像是在一条狭窄的道路上不断探索前行——路一旦变宽了，反而就失去了创作挑战的乐趣，这也是孙沁文拒绝写"设定系"推理的原因之一。或许我们可以借用穆旦的一句诗来理解和把握密室推理小说的写作："是一条多么危险的窄路里，我驱使自己在那上面旅行。"（《诗八首·其六》）

——采访手记

密室对我有一种难以言说的吸引力

战玉冰：你最早是从什么时候开始接触侦探推理小说的？

孙沁文：大概是初中的时候，那时候国内引进出版的侦探小说还比较少,读者的选择范围很有限。我自己看的第一本推理小说是江户川乱步的《影子杀人》(珠海出版社,2003 年)。这其实是一本翻案小说,就是原本是欧美的故事,后来江户川乱步将其改成了日本的背景。这本书里面有三起不可能犯罪,包括一个密室推理,我当时就觉得这种谜题特别有趣。江户川乱步应该算是我的推理小说启蒙者。

战玉冰:《影子杀人》日文原名叫《绿衣の鬼》,后来国内更通行的译名是《绿衣人》,但是感觉翻译成《影子杀人》多少有点剧透的嫌疑。

孙沁文:是的,然后当时我们所接触到的大众流行文化中也有很多相关的内容,比如香港 TVB 的刑侦剧、动画片《名侦探柯南》,其中的密室对我有一种难以言说的吸引力,所以我自己后来阅读和写作也就更倾向这一类题材。

战玉冰:为什么会特别偏爱密室这个题材?

孙沁文:在推理小说阅读中,我个人比较偏爱本格推理,而本格推理中最核心的东西就是谜题。一般来说,谜题越不可思议、越离奇,故事就越精彩。而在所有谜题中,密室是一种对于物理学和逻辑常识的挑战和违背,如何在一个外人不可能进入或者离开的、封闭的房间中完成犯罪? 我觉得密室是在现实背景下将不可思议的程度发挥到极致的一种推理小说类型,它试图正面强攻物理规则上的"不可能性",在其中寻找"如何可能"的角度。阅读密室推理小说的乐趣就在于读者需要先绞尽脑汁去想罪犯究竟是怎么做到的,但最后还是会被作者给出的解答所震惊,这个过程非常过瘾。而写作密室题材的推理小说,最大的难度和魅力都在于你需要先设计一个极其困难的、不可解的难题，然后再想方设法去解释它。我觉得这是密室最吸引我的地方。

"密室之王"约翰·迪克森·卡尔

战玉冰：你是什么时候接触到号称"密室之王"的约翰·迪克森·卡尔的作品的？

孙沁文：那要等到后来年纪更大一点了，我读卡尔的名作《三口棺材》《犹大之窗》，被他创作的密室深深吸引了，包括他相对冷门的《孔雀羽谋杀案》《失颤之人》，也都相当精彩。如果说哪些作家对我影响最大，应该就是乱步和卡尔。

战玉冰：作为密室推理小说的爱好者与写作者，你怎么看待卡尔的小说？为什么那么多写密室的作者，只有他被称为"密室之王"？

孙沁文：卡尔的密室类小说写得多，其他推理小说作家大多是偶一为之，卡尔则是专攻密室。同时，从密室推理小说写作者的角度，我也非常佩服卡尔。我们写这类小说，无非有两种思路：先想好一个故事，然后在里面加一个密室诡计；或者更多时候是先想到一个密室的解答，然后反过来设计密室犯罪，最后再围绕密室铺陈出整个故事。两种写作思路各有局限，前者或者诡计容易流于平淡，或者诡计和故事之间可能存在割裂感，显得彼此间格格不入；后者因为是后套上去的故事，容易情节生硬、人物扁平。

战玉冰：你说的两种情况我深有同感。前一种情况作者原本在正常讲故事，突然插入一个密室，就像是一个好好走路的人，走着走着突然翻了一跟头，把你吓一跳，有时候故事和密室之间衔接得不自然就会让人感觉很怪异。后者则更经常出现在年轻作家的作品里，你能感觉出他就是为了这个密室创意而敷衍了一个故事，故事根本不重要，作者其实就是想给你看那个密室，想展示自己的创意而已。

孙沁文：是的，无论先构思故事还是先设计诡计，对于大多数写作者来说都有他自己的局限。但卡尔则不一样，你读他的密室推理小说，很多时候感觉不到他是先有了故事，还是先设计了密室诡计，二者在卡尔的小说中是相互服务、相辅相成的。或者说卡尔找到了故事与诡计在小说中的平衡点，有些诡计的设计和解答需要故事展开之后才有可能推进，二者完全不是割裂的，而是浑然一体的状态。我觉得从写作者的角度来看，这是卡尔非常厉害的一点。

战玉冰：具体到你自己的密室推理小说创作，是先有诡计，还是先有故事？

孙沁文：我自己写作一般都是先有诡计的，但具体还有不同情况的细分。比如《凛冬之棺》中的第一个密室，我是在一次上海暴雨天气之后，看到家附近一处地下室被水淹了，于是想到如果借助淹水构造一个密室该怎么破解，是先想到谜题，再去想解答。但更多情况下——比如小说中第二个关于门的密室——我就是先想好密室解答，反过来再出题的。这个不能再多说了，再说就把小说给剧透了。

战玉冰：嗯，你有时候是先想到谜题，后想到解答，但更多时候则是先想好解答，再去设计谜题，前者有一种自己给自己出题的游戏感。

孙沁文：是的，好像我在和自己玩侦探推理游戏。

战玉冰：说到游戏，你刚刚说到密室推理的魅力在于其对物理学和逻辑常识的挑战，这个过程就很像是凶手和侦探在玩一个智力游戏，凶手在问侦探：在这样的密室条件下我是不可能完成犯罪的，那么我究竟是如何做到的呢？卡尔和雷蒙德·钱德勒之间也有过一场很有名的论战，钱德勒将侦探小说称为"简单的谋杀艺术"，卡尔则认为侦探小说是"世界上最伟大的游戏"，你怎么看待卡尔对于侦探推理小说的这种认识？

孙沁文：我非常赞同卡尔的观点，推理小说的本质就是游戏，反倒是现在的推理小说承载了很多它原本不应该承载的东西。比如我们现在称赞阿加莎·克里斯蒂的小说里对人性的描写有多深刻，或者她小说中对于欧洲社会状况的揭示，等等。但我觉得这些都是后来附加上去的，我们最早读阿加莎·克里斯蒂的小说，被吸引的地方就是凶手的意外性：原来凶手竟然是他！这才是我们最初被推理小说吸引的地方。

战玉冰：既然推理小说的本质在于其游戏性，那你怎么看各式各样的推理游戏，比如剧本杀、《逆转裁判》之类的，它们和推理小说的游戏性有什么不同？

孙沁文：我觉得都很好，只是各自的载体不同而已，你可以用纯文字小说的形式去呈现，也可以用互动小说、剧本游戏或者电脑游戏等各种方式去呈现，但它们的核心乐趣都还是解谜和推理。不过就我个人而言，可能是因为我比较懒，不太喜欢互动，玩游戏比较少，还是更喜欢读推理小说，只要跟着作者往下走就好了。

战玉冰：我的理解是推理小说与其他推理游戏相比，更有一种安全感，你不需要自己去冒险和探索。读者读推理小说时被作者所引领，被作者欺骗，再被作者解惑，哪怕小说故事再离奇，这也是一个内心感觉安全的过程，有一种躲在被窝里看恐怖片的感觉——刺激，但不过分；烧脑，但不耗神。

孙沁文：就是这种感觉！

密室推理最"本格"，同时也最丰富

战玉冰：密室推理的发展历史可谓源远流长，甚至可以说密室和侦探小说拥有着同样长的发展历史。世界上第一篇侦探小说——爱伦·坡的《莫格街凶杀案》就可以算是一篇密室杀人的故事。法国作家加斯东·勒鲁的《黄色房间的秘密》则是世界上第一部长篇密室推理小说。后来约翰·迪克森·卡尔更是专攻密室题材写作。随着后续的发展，密室的种类也是越来越多，范围也越来越宽，如果说最开始"密室"指的是其字面意义上的从里面上锁的房间（the locked room），那么后来还发展出雪地密室、足迹密室、视线密室，乃至你的《凛冬之棺》中的水密室等五花八门的"密室"类型，能谈一谈你对这些密室的理解吗？

孙沁文：好的，现如今我们说推理小说里的密室，不仅指狭义的门窗反锁的房间，也可以指广义上的更开放的空间，比如它可以是一片没有足迹的雪地，可以是一座游泳池，可以是一个高空中的热气球,甚至也可以是一个小小的信封,就是任何一个在物理上呈现出密闭状态的空间都可以被称为密室,在这样一个空间里面完成的杀人案件,都可以被称为"密室杀人",这样就大大拓展了密室写作与想象的范围,可以创造出各种各样的可能性。

战玉冰：比如现如今已经非常常见的"雪地密室",就是在一片积雪的空地中间有一具尸体,但四周的雪地上却没有任何脚印,那么凶手是如何完成杀人并离开的？关于这个题材,历史上其实也已经积累了无数的创作和想象。

孙沁文：是的,这正是密室吸引我的另一个地方,就是围绕一个小小的房间,竟然已经有了几百上千种解答和想象的可能。包括你说的雪地密室,也有着"海陆空"作案等各种奇思妙想的解答。这么封闭的场景和简单的谜题,竟然能创造出如此多样的可能性,我觉得密室推理这种看似最"本格"的写作,同时又是最丰富的,这里面的张力让我非常着迷。

战玉冰：另一个我觉得很有意思的密室类型是"视线密室"。

孙沁文：视线密室确实比较特殊,它不是挑战物理规则,而是挑战心理盲区。所谓"视线密室"就是有一个人一直盯着案发现场,但凶手还是完成犯罪了,他是怎么绕过或者骗过那个观察者的？这也是一种不可能犯罪的类型。

战玉冰：这就是典型的"在眼皮子底下"犯罪。

孙沁文：是的。

战玉冰：你觉得这种形式上的不断变化,是密室推理小说作者们自我寻求类型突破的结果吗？

孙沁文：如果只围绕最初的"上锁的房间"做文章,确实越写越难，读者看多了也会感到厌烦，所以作者就会努力去挖掘一些新的方向，探索一些新的可能性。比如把"密室"从封闭的房间改成室外空旷的雪地密室，或者把密室变得极大，大到将一个星球作为密室，再或者把密室变得极小，小到将一个信封作为密室，等等。

战玉冰：但不论密室的外在形式怎样变化，最根本的内核却是不变的，就是密室始终指向违背物理常识的"不可能犯罪"。

孙沁文：是的，我觉得这种变化与不变也是密室推理的魅力所在。

关于"密室讲义"

战玉冰：密室推理小说家的另一个共同特点似乎就是特别喜欢写"密室讲义"，比如约翰·迪克森·卡尔的《三口棺材》中第 17 章，在正式破案解说前，就先安排小说中的侦探基甸·菲尔博士详细分类并讲述了制造密室的各种可能性，然后才去锁定凶手制造密室的手法。又比如二阶堂黎人的《恶灵公馆》中也写过一个"密室讲义"，有栖川有栖、我孙子武丸等也都写过自己的"密室讲义"，为什么密室推理小说作家特别钟爱"讲义"？

孙沁文：这是受到卡尔的影响，他在密室推理这一个分支里面的影响实在是太深远了，很多后来的作者都是因为看了卡尔的"密室讲义"之后才开始在自己的小说里加"讲义"的，你可以说这是对于卡尔的致敬，也可以说小说作者是想通过写自己的"密室讲义"来确认自己在密室推理小说创作方面的权威性。

战玉冰：你说的确立权威性怎么理解？

孙沁文：所谓"讲义"，其实是一种诡计大纲，"密室讲义"就是把作者认为所有可能存在的制造密室的手法都分门别类地列进去，然后他自己这部小说中的密室又是一种新的手法，这样他就把自己的密室推理小说和推理小说史联系起来了。

战玉冰：有一种自我经典化的冲动，小说作者通过写密室讲义来确认自己的创作和整个密室推理小说史之间的关系，或者说将自己的写作拿来和前人的创作较量一番。

孙沁文：对的，有一点"别苗头"的意思。

战玉冰：不过其他类型的推理小说作者，似乎都没有写"讲义"的传统，只有密室推理小说作者，对"讲义"抱有很高的热情。讲义，说白了就是一种清单，是一种穷举式思维。你觉得密室推理小说喜欢列讲义，是否和这个题材的小说写作本身种类比较有限有关？制造密室的手法，无非也就那些，是有可能一一穷举的。

孙沁文：表面上看密室杀人的可能性似乎就那么几种，可以列一个讲义将其全部穷举。但正如我刚才说的，我们其实一直在不断设计出各种新的密室手法，表面上的类型"有限"背后其实是变化"无穷"的。

战玉冰：那你觉得"密室讲义"对于后来的密室推理小说写作者来说，会起到指导作用吗？

孙沁文：基本上用处不大，"密室讲义"更多是给推理小说读者提供一份书单，一份关于历史上密室推理小说经典作品的书单，不过这个书单的弊端在于它把其中列举的所有密室推理小说全都给剧透了。或者说，密室讲义对于研究者而言，可能具有一定的文献参考价值。

战玉冰：确实，比如看卡尔的"密室讲义"，除了看他列举了哪些密室类型，还可以看在他那个时代，认为哪些密室推理小说比较重要，比较具有代表性，有些可能并不是我们今天所熟悉的作品。最近几年一个广为人知的"密室讲义"，就是电影《唐人街探案3》中列举的密室杀人的 13 种模式，对此你怎么看？

孙沁文：我觉得这部电影对于制造密室的倾向，有一个不太好的思路，就是过分标新立异、钻牛角尖，很多刚刚入行的青年写作者也经常容易这么做。先写一个讲义，试图穷举出前人所有写过的密室可能性，然后为了凸显自己作品里犯罪手段的高明，他就必须制造出一种完全脱离于讲义之外的、全新的密室，这种过于追求"创新"的思路，可能会将推理小说写作带入"歧途"。简单来说，第一，密室推理小说发展了一百多年，我们必须承认，大体上各种密室类型几乎已经被前人写完了，我们现在不太可能写出一个完全颠覆前人的密室或者诡计；第二，所谓密室创新，也并不是要追求与前人完全不同，而是在充分理解前人创作的基础上做一些突破，哪怕是局部的突破，或者细节的创新，也都很宝贵，否则就容易走入创作的死胡同。为了凸显自己的与众不同和创新性，小说中的诡计、密室等就变得越来越怪诞，并且作者本人还以此为傲，我觉得对于推理小说来说，这不是一个好的发展趋势。

战玉冰：你说的推理小说"创新的难度"越来越大这一点，我也深有同感。那随着现代科学技术不断发展，比如无处不在的监控摄像头，以及指纹、DNA 识别方面的技术等，你觉得这些会让密室推理写作变得越来越困难么？或者说未来密室推理还有大幅度发展的空间吗，还是更多只能将案件发生的背景设置在过去，或者在远离人类社会的"暴风雪山庄"中？

孙沁文：技术进步对于推理小说写作是一把双刃剑。一方面，无处不在的摄像头，使得我们的一举一动都被记录下来，这确实给当代题材的推理小说写作带来了一定的限制和难度，以前的一些诡计不能再用了；另一方面，新技术也为我们想象新诡计提供了很多新的可能性，比如录音机发明之前，我们就没法写借助声音制造在场或不在场证明的推理小说。我觉得推理小说的核心还是谜题、解谜和推理，技术的变化会带来一些形式上的变化，但推理小说的本质还是不变的，问题在于作者如何将新技术运用到自己设计谜题和解决谜题的过程中，而不是被新技术所束缚。

推理小说中的恐怖气氛

战玉冰：在卡尔之后，欧美密室推理写作似乎就陷入了一种相对沉寂的局面，比较知名的作家可能就是保罗·霍尔特，他又被称为"法国的卡尔"。更多作者似乎转向了历史推理（丹·布朗）、犯罪小说（尤·奈斯博）或者"冷硬派"（劳伦斯·布洛克）写作，你怎么看待这一趋势？

孙沁文：我觉得密室推理，包括更广义上的本格推理在当下发展比较难的原因，一个是这类小说写作难度确实比较高，出色的诡计和点子可不是随时都能有的。换句话说，就是这类小说很难量产，你一篇写好了，吸引来了一些读者，但不能保证自己还能"如法炮制"出下一篇,相对而言,犯罪小说比较容易找到某种可以依循的模式。另一个是密室推理不太容易影视化,而现在推理小说、犯罪小说想要真正"出圈",还是要依靠影视剧的改编,这一点"社会派""冷硬派"就比较有优势。

战玉冰：古典推理小说确实节奏比较慢,和我们现在生活和娱乐上所追求的时代节奏不太合拍,很多读者可能没有耐心去看侦探不断地家访,或者大段地和各种人聊天一类的情节,会觉得比较沉闷。另外就是你说的影视化的问题,古典推理小说,特别是密室推理小说,虽然写的是很刺激的杀人案,但整体故事风格还是比较静的,缺乏一种行动性,而电影等视觉媒介需要的恰恰是银幕上的人物身体动起来,并且要不停地动、快速地动。最后的结果就是本格推理或者密室推理现如今变成了一种小众趣味。

孙沁文：读者的阅读爱好变化无可厚非,但作为密室推理小说的写作者,我还是想要坚持这一类型的写作,希望能让更多的读者了解到密室推理小说的魅力所在。

战玉冰：相对于密室推理在欧美的"衰落",日本是不是一个比较成功的发展案例？比如在日本被视为卡尔继承人的,就有二阶堂黎人（被称为"日本的卡尔"）,加贺美雅之（被称为"最接近卡尔的作家"）,等等。而就出版的推理小说作品来说,日本当代推理小说中也有不少密室题材,甚至把密室写进小说的标题中,比如大山诚一郎的《密室收藏家》、青崎有吾的《敲响密室之门》、鸭崎暖炉的《密室黄金时代的杀人事件》,包括贵志祐介《上锁的房间》的标题指的也是密室,你怎么看待日本推理小说中依旧保留的这股密室写作热潮？

孙沁文：密室在当代日本推理小说创作中肯定也是比较小众的，甚至纯本格的写作也是变得越来越小众的，更多作者和读者还是在转向"设定系"推理。但如你所说，我们好像还是能看到各种日本作者写的密室推理小说，数量似乎也不少，那是因为日本整个推理小说作者和读者的基数都太大了，哪怕其中写密室的比例再小，也总是有一些。其实近些年日本专注于写密室推理的新人作者，大概也只有鸭崎暖炉在孤军奋战。

战玉冰：那你觉得像保罗·霍尔特、鸭崎暖炉这些当代作者所写的密室推理小说，和卡尔那个时代的创作有什么差别吗？

孙沁文：非常明显的一点不同，就是当代密室推理小说的节奏大大加快了，比如卡尔那个时代可能一本长篇小说就围绕一个密室来写，慢慢地铺陈故事。但保罗·霍尔特的一本小说里估计要放三到四个密室才能让读者觉得满意，甚至他小说里每一章几乎都有一个爆点或者一个反转，小说情节的起伏高潮密度非常高。如果保罗·霍尔特再像卡尔一样保持比较慢的故事节奏，可能就没法吸引现在的读者了。

战玉冰："密室推理"作为一种"点子文学"，好像天然更适合短篇小说的体量，像你的《凛冬之棺》，虽然是长篇，但里面其实有三个密室。相对而言，约翰·迪克森·卡尔的密室推理小说以长篇居多，反倒成了一个特例。

孙沁文：我很同意你的这个观点。密室推理小说有时候拼的就是点子或者核心创意。比如刚才你提到的大山诚一郎或者青崎有吾，都是典型的"点子型"作家。我这么说并不是想要贬低这两位作家，相反我非常欣赏和佩服他们的脑洞和创意能力。但你看大山诚一郎就没写过长篇小说，青崎有吾的长篇也不如他的短篇那么犀利，给人一种一击必杀的痛快感。这就是"点子型"作家的特点，短篇可能更适合他们发挥。包括我自己也是，很多密室诡计，写成短篇就更适合一点。由此来看卡尔真的就非常特别，他可以把密室推理写成长篇，不仅核心诡计好，讲故事的能力也非常出色。

我最近一直和时晨反复讨论的创作问题就是如何将诡计长篇化，用长篇小说更充足的体量、更丰富的内容去呈现一个诡计，这里就需要借助更精心的情节铺排与更生动的人物塑造，所有的铺垫都是为了最后一刻，比如森博嗣的《全部成为 F》，我觉得就是一个很成功的例子。

战玉冰：用一部长篇小说去呈现一个诡计，我觉得难度和风险都还是蛮高的。既要有足够精彩的故事、人物吸引住读者，还要保证最后的诡计谜底足够华丽，因为整本书都压在最后揭秘真相这里，诡计一旦不够精彩，就会令读者大失所望。

孙沁文：是的，像岛田庄司《占星术杀人魔法》那种级别的诡计，就完全值得用一本长篇小说的体量来做铺垫。

战玉冰：我有一个阅读感觉，就是密室推理小说的作者似乎都普遍喜欢加一些恐怖灵异的故事气氛，或者古堡、修道院等哥特风格元素。世界上第一篇密室推理小说的作者爱伦·坡本人同时也正是哥特小说创作的大师，"密室之王"卡尔的小说中也有很多恐怖元素，后来的保罗·霍尔特如此，在日本被认为是卡尔"继承者"的二阶堂黎人、加贺美雅之也是如此，包括你的《凛冬之棺》中也有"婴儿塔"这个比较阴森恐怖的传说和意象。

孙沁文：因为密室推理要凸显的是犯罪手法的不可思议，所以先天就和诅咒、传说、民俗怪谈之类的内容有一种亲缘性。在小说里加入这些元素容易增加一种氛围感，反过来也有助于让谜题的离奇性更加突出。但这里面也分不同的写作层次，比较初级的就是单纯渲染恐怖气氛，吸引读者，增加故事的可读性。另一种我觉得更高级的写法是小说中的恐怖元素和犯罪手法之间是密切相关的，比如小说里讲到吸血鬼传说，然后死者脖子上有两个小伤口，很像吸血鬼的咬痕，一部小说可以将传说单纯处理为某种恐怖氛围，但更精妙的写法是这个伤口的形状和犯罪手法、凶手身份，乃至作案动机之间都存在着某种必然的联系，所谓吸血鬼传说不过是凶手误导警方的一种障眼法，我觉得这是一种比较高级的处理方式。

战玉冰：就是小说中作为恐怖小说的氛围设计和作为推理小说的诡计设计不应该是彼此割裂的，而应该紧密联系在一起。或者说恐怖不应该仅仅停留在一种气氛的层面，而应该是一种有效的小说情节。

孙沁文：对的，比如卡尔的小说，很多都是这种写法，看似恐怖的气氛在凶手犯罪或者侦探推理的过程中有着不可替代的重要作用。

访谈时间：2024 年 9 月 24 日

雷米：
心理罪内外

雷米

中国刑事警察学院刑法学教师，国内著名悬疑小说作家，代表作有长篇小说《心理罪》系列、《人鱼》《执念》《宽恕之城》，短篇小说《智齿》。

雷米的《心理罪》系列在 21 世纪中国推理小说史上具有重要的地位，比如它是初代网络悬疑推理小说的代表性作品，也是本土刑侦故事第一次获得大众读者与市场充分认可的小说系列，根据这个系列小说改编的影视剧，后来掀起了国内第一波悬疑刑侦网剧的拍摄与收视热潮……

与此同时，《心理罪》系列也是第一次向国内的读者和观众普及了"犯罪心理画像"等刑侦技术与心理学知识，直到今天，虽然已经出现了众多以犯罪心理画像师为主角的推理小说或影视剧，不过与其他将"犯罪心理"神秘化、将"心理画像"传奇化的作品不同，雷米的《心理罪》更贴近一种现实主义风格。在他笔下，人类内心之"恶"幽微但仍可以被理解，心理画像技术可以精彩、高超，但绝不陷于神秘。

在《心理罪》之后，雷米对于人性中罪恶的关注与书写也从未停止，创作出了更为成熟的如《人鱼》《执念》等作品。而根据其同名短篇小说改编的电影《智齿》在国际上获得多项大奖或提名，根据其小说《老男孩》改编的电视剧《除恶》最近也刚刚杀青（滕华涛导演，任素汐、王骁主演）。雷米认为即使是犯罪小说、类型文学，也仍然需要坚持探讨人性本质和社会问题，需要对读者有积极的引导作用。在这个推理小说越发趋向游戏化的时代里，这样的文学观似乎显得有些"老派"，但却更加弥足珍贵，这可能也和雷米同时作为警察与教师的职业身份有关。通过类型文学的写作与阅读来学会尊重法律、敬畏生命、深入反思各种社会现象，才是雷米真正的创作"野心"所在。正如李檣等人所说，雷米的犯罪小说具有某种严肃文学的品格。

采访过程中，雷米作为东北人的豪爽与说话表达时的中气十足都给人一种足够的安全感和可信赖感。雷米也开玩笑地谈起，自己有一天在办公室午睡，鼾声如雷，局长听到了都不禁感叹，这鼾声听着就让人心里踏实，能从中听到国泰民安。或许这也正是现实生活中与罪恶不断斗争的警务工作者身上所具有的一种独特气质，而雷米的悬疑小说正是捕捉到了这种气质，因而呈现出某种与众不同的风格。

——采访手记

中国推理小说的"天涯论坛"时代

战玉冰：你 2006 年开始在网上发表小说《第七个读者》，那时你已经 28 岁，正式的职业身份是警察、教师，为什么会突然选择写小说？

雷米：也不能算突然开始写小说，《第七个读者》最初动笔于 1999 年，那时我还在读大学。这部小说的灵感来源是图书馆的纸质借书卡，一张卡片上写着每位借过这本书的人的院系和姓名。我想这些人彼此互不相识，却因为这张小小的借书卡产生了联系，如果这个联系变成一场凶杀案会怎样？这就是我最初写作的缘起。

战玉冰：所以你是从 1999 年起就已经开始构思和写作这个故事，直到 2006 年才把它放到网上？

雷米：对的，我最早是在 2006 年，在"天涯论坛·莲蓬鬼话"副版开始连载小说《第七个读者》，后来正式出版时改名为《心理罪·第七个读者》。

战玉冰：你在天涯上最早连载的小说是《第七个读者》，后来正式出版的第一本书却是《画像》？

雷米：因为《第七个读者》一开始并不太成熟，字数也只有七万多字，所以当时编辑建议先出版《画像》，《第七个读者》在修改和补充后作为方木的"前传"故事出版。

战玉冰：网络为你最初的小说发表提供了一个便捷的平台，

可以这么说吗？

雷米：确实如此。在那个时代，网络文学兴起的一个最大的影响就是拉近了文学爱好者与文学殿堂之间的距离。在互联网没有普及的年代，写作者要么持之以恒地向各类媒体投稿，并且要耐心地面对一次次退稿，要么把作品分享给身边的亲朋好友，成为小圈子里的读物。我当时也在稿纸上写过中短篇小说，读者大多是身边的同学。但是，借助互联网，传统的文学门槛不复存在，只要你想，一台能够连接互联网的电脑就可以完成你的写作与发表过程，并且可能拥有比传统文学期刊更加广泛的读者群体。我的第一批读者，就都来自天涯社区。而且，我的很多写作习惯都与当年在天涯社区以网络文学的方式发表作品有关。例如，我会把写作称为"写作业"，平均每天以 2000 字左右为限，因为当时天涯每一条帖子的字数限制就是 2000 字。

战玉冰：当时"天涯论坛·莲蓬鬼话"上的创作情况是怎样的，有哪些作家活跃在上面？

雷米：其实，"莲蓬鬼话"上发表的推理小说数量并不太多，大多是悬疑小说、恐怖小说、灵异小说或者探险类小说，比如天下霸唱的《鬼吹灯》。推理小说方面主要有周浩晖、秦明、紫金陈和我等一批作者。

战玉冰：这可以说是 21 世纪初中国推理小说创作的"黄金班底"了。你们当时有什么交流吗？

雷米：他们最初在网上发表的小说我都看了，但当时并没有太多交流，我们真正彼此认识是更后面的事。比如我和周浩晖认识大概是在 2010 年前后，当时他在写《死亡通知单》第三部，我在写《心理罪：城市之光》，这两部小说讨论的问题很相似，都是关于私刑报复是否正义的问题，我们两个对此有过一些讨论，后来成为很好的朋友。而我最初看秦明的小说，就感觉像在看法医的工作记录，他作品中的真实感非常强，我当时就感觉这个人肯定是一名真正的法医，后来一聊果然如此，而且他也是我们学校毕业的学生。

战玉冰：我之前和秦明老师聊，他说他第一本书出版前曾把稿子拿给你看过。

雷米：对的，我很喜欢他的小说。秦明作品的社会价值在悬疑小说界是非常罕见的，它的确引发了社会大众对于法医这个职业的关注，很多年轻朋友看了他的小说决定报考法医专业，这实在是功德无量。

战玉冰：你后来的几部《心理罪》作品，也都在天涯论坛上继续发表吗？

雷米：是的，当时国内的网络文学还没有真正发展成熟，还没有形成后来付费阅读的习惯。虽然我的小说都出版了纸质书，但我当时觉得如果因此让我在天涯上的老读者们不能免费看我的书，好像有点对不起他们。所以后来的《教化场》就一面走出版，一面将故事全文贴在网上，让一些读者能够通过免费的渠道看到我的小说。后来出版公司也同意了，但是为了保证图书的销量，他们要求不能贴结局。所以我就为《教化场》写了 A、B 两版结局，一个是网络版的结局，一个是实体书出版的结局，也算是对天涯上支持我的读者们的一个回馈吧。我对老天涯和老天涯社区的读者非常有感情，我一直觉得到目前为止我所有的创作活动，以及我的小小名气和我在读者中的影响力，都和天涯社区密不可分，甚至可以说没有天涯社区是不可能有雷米的，所以我觉得需要为它做点事情。后来天涯社区重启的时候，它的直播和义卖活动我也都参加了。只是它后来风光不再，最后关闭了，我觉得非常可惜。

警察、教师与作家的三重身份

战玉冰：你怎么看待自己的警察、教师和作家这三重身份？它们彼此间是相互滋养的吗？

雷米：对我来说，三个身份是相互成就和滋养的关系。警察的身份，能够让我接触到公安实务工作，了解中国现行的司法制度，并且应用于教学和写作。老师的身份，可以让我和一大批在各个刑侦领域的顶级专家成为同事，写作的时候，可以依靠他们，随时随地解决小说中的技术问题。作家的身份，能够更多地吸引学生的注意力，让学生把对我本人的好奇心，转移到我所教授的学科上。比方说，我有一个习惯，如果学生在期末考试中拿到优秀的成绩，我就会送一本"To 签"的书作为奖励。学生们会因此大受鼓励，所以，每学期我带的班级优秀率都很高，不得不向教务处书面说明情况。

战玉冰：那你会把现实案件或侦破工作中的经历写进小说吗？

雷米：我的创作中有一部分是以现实案件为原型的，但是数量并不多。即使有，多数也不是基于案件本身，而是案件中打动我的某一个部分，或者某一个细节。

战玉冰：能举个例子具体说说吗？

雷米：比如在小说《暗河》中，郑霖等三名警察为了营救被拐卖的儿童，被浇铸在一个钢锭里。这个小说情节其实脱胎于当年辽宁省一起真实的生产安全事故，某钢厂清晨开会时，一个钢包因故障意外从钢轨上掉落，将十几个工人瞬间吞噬，死者的 DNA 在1800 摄氏度的高温下也完全被破坏，无法辨认。这件事让我大受震撼，后来我就把它写进了我的小说里。用这个惨烈的场景，去衬托警察救助群众时的自我牺牲与大无畏精神。

还有就是我工作的单位是警校，我和同事之间、和学生之间，日常讨论的话题，很多都和犯罪相关。学校里也是藏龙卧虎，看起来不太起眼的一名老师，很可能就是某一刑事领域的顶级专家。当大家知道我写小说后，会经常和我说自己碰到一个案子挺有意思，然后描述一下案情和故事，给我提供一个素材；他们有什么疑难案件，也愿意找我一起来分析；或者谁那里有一种新的刑侦科学技术，也会问我要不要了解一下。这些都为我的创作提供了灵感，构成了我持续写作的动力。

战玉冰：相当于你的工作和教学环境为你的小说创作提供了一种灵感氛围，以及技术支持。

雷米：是的。

战玉冰：你最喜欢的推理小说作家是哪位？

雷米：我最近几年比较喜欢挪威悬疑小说家尤·奈斯博。我觉得他的小说中有一些东西和我的写作风格比较像。比如他在《雪人》《猎豹》等小说中都融入了一些具有高度仪式感的东西，这恰恰是我非常喜欢的。同时我也很喜欢他小说中的语言质感，包括文笔、语言的节奏，当然这也要部分归功于他作品的中文翻译。

战玉冰：说到你的作品和尤·奈斯博小说的相似性，我的感觉是，一方面故事都发生在寒冷的气候和地带，他是北欧，你是中国东北；另一方面你俩笔下的侦探角色也有点接近，比如他所写的哈利·霍勒警探和方木一样，都是洞察力与心魔并重的传奇人物。

雷米：尤·奈斯博以挪威奥斯陆为主要的故事背景，在他的小说中，奥斯陆的街道、建筑、河流，以及现行的司法制度和官僚系统，等等，都得到了生动的呈现。我们可以说他是把犯罪故事深深根植在这座城市的土壤之上。我最喜欢他小说中的部分，还不是他如何抽丝剥茧推理出凶手的过程，而恰恰是这些和现实中奥斯陆密切相关的内容，比如当地的警务制度，他们的犯罪特警队是如何工作的，权责范围又是怎样的。我虽然没有在奥斯陆生活过，但我通过读他的小说，感觉书中的故事好像就发生在自己的身边，有一种非常强烈的代入感。我自己写小说时也比较注重这一点。

战玉冰：就是通过一个犯罪、推理小说的故事框架，实际上想要呈现出整个警务制度、警队生态，乃至更广义上的社会现实。

雷米：我觉得是这样的，尤·奈斯博在揭露挪威的司法腐败和政府机构的官僚作风等问题上，写得非常透彻。我也在努力，试图在讲一个罪案故事的同时，向读者揭示出一些人性中的幽暗之面。有时候可能有点"夹带私货"的嫌疑，但我觉得推理小说也是一种文学，应该具有这方面的价值，我不希望我的读者在看完我的小说后，只是单纯觉得爽，而是希望能够引导他们对社会现象与人性有所反思。

战玉冰：有哪些国内的作家对你影响比较大？

雷米：国内对我影响最大的作家可能还不是推理小说作者，而是王朔和苏童。特别是王朔小说的语言节奏，他在人物对白上坚持口语化写作，给人带来强烈的愉悦感。从他们两个人身上我获得的是一种文笔方面的实践，包括对于小说语言的学习。

关于《心理罪》系列

战玉冰：你最为读者所熟悉的作品是《心理罪》，在这个系列的小说中也的确涉及模仿犯罪、催眠、心理暗示、PTSD（创伤后应激障碍）、斯金纳箱、测谎等大量心理学知识和技术，为什么会对心理学感兴趣？

雷米：对于犯罪心理学我算不上专业人士，更多是一种兴趣爱好。我觉得，人类探索的方向，一个是向外，浩瀚的星空，一个是向内，人的内心深处，二者同样重要。如果说人类对世界的了解不足 5％，那么人对自身的了解恐怕也就是这个水平。我更关注后者：我为什么是我自己？我为什么如此行动？我究竟还有多少秘密是我自己所不知道的？我觉得了解自己比了解宇宙更重要。

战玉冰：所以你的小说名字叫《心理罪》。

雷米：我是一名刑法学老师，对我而言，"心理罪"这个名字还是有点别扭。因为从我自己的专业角度来讲，一谈到什么罪，首先一定得是《刑法典》上明确规定的名字，而"心理罪"显然不属于这一类，这是出版社编辑根据我的小说内容起的标题。但换个角度来看，这个名字其实也比较符合我小说的内容，就是相对来说我不太关注案子是怎么侦破的，我更关注的是犯罪动机。而写犯罪动机就会涉及犯罪者的经历、想法，涉及他对于世界的认识和理解方式，这样就慢慢进入了心理学探究的范畴。

战玉冰：我们可以从个人心理层面，从人性的幽微之处去揣摩犯罪的动机和成因，但换一个角度来看，很多犯罪行为背后也有着政治、经济，乃至社会结构方面的因素。

雷米：是的，这个问题就比较宏大了，完全取决于你从哪个角度去分析犯罪这种社会现象。举一个具体的例子，我们现在使用纸币的场合越来越少，基本上出门带一部手机，就可以解决所有的支付问题。这种支付方式的转变导致一种犯罪形式在国内几乎消失了，就是伪币制造，因为大家平时不用纸币，制造出伪币也没有人要。类似地，传统的扒窃案件，也相应变少了。而与之相对的，就是电子支付的网络盗窃变得更多了。这就是经济发展变化所导致的犯罪形式的变化。

战玉冰：你的《心理罪》大概是第一次在国内普通读者中间普及"犯罪心理画像"这个技术和能力，后来很多国产小说和影视剧也开始涉及这一题材内容，可能多多少少都是受到你的小说的影响，你为什么会为主人公方木设定这样一个技能？

雷米：我大概是在研究生一年级的时候开始接触犯罪心理画像，当时是因为在吉林大学图书馆里看到了一本叫《疑嫌画像》的书，作者是一个前 FBI 行为分析官。书中通过犯罪现场的蛛丝马迹就能够分析出嫌疑人的体貌特征、职业背景、生活习惯，甚至穿着打扮，这在当时的我看来，简直就是魔法。后来我就把这个技能安排到小说主人公方木身上了。

战玉冰：最初在读你的小说时，我以为方木所擅长的犯罪心理画像更多是一种文学想象，后来在一些访谈节目中听中国人民公安大学李玫瑾老师的介绍，我才知道真实的刑侦工作中也会用到这种破案方式。我很好奇在真实的刑侦工作中，"犯罪心理画像"到底有着怎样的作用？它会经常被使用到吗？以及这个能力可以通过在警察学校的学习来获得吗？

雷米：其实，犯罪心理画像技术在刑事侦查工作中的应用还是非常广泛的，特别是在杀人案件、系列杀人案件、具有典型特征的疑难刑事案件的侦查过程中，都能发挥作用。它对于刻画嫌疑人非常有帮助。警校的课程中会专门讲授这方面的知识和方法，学警们可以通过学习来习得。

战玉冰：你之前说你最初开始写《第七个读者》是在 1999 年，2006 年将小说发表在网上，2011 年完成整个系列的出版。而在小说《心理罪》中，主人公方木从读大学、研究生，一直到警队工作的时间范围也大概是从 1999 年到 2010 年，二者似乎是高度一致的。甚至你读书时的专业选择，即大学时读法律、硕士读刑法学、博士读犯罪专业，也和小说中方木的法学本科、犯罪学硕士经历很相近，方木身上有你自己的影子吗？

雷米：我觉得我的写作是偏向于现实主义的，所以，在最初设定方木这个人物的时候，我就把他设定为我的同龄人。他比现实中的我大一岁，因为我提前一年上学。熟悉的时代，熟悉的环境，会让我自己在写作时有代入感，更加贴近社会现实。其实，不仅是方木，我小说中的所有人物，都有我自己的影子。

战玉冰：这个怎么理解？

雷米：我不太会去凭空塑造一个和我完全无关，或者和我的生活没有任何交集的人物。我在塑造人物的时候，会把我自己带进去，就是假设我是这个人物，此时此刻我会怎么想，这句话我会怎么说。我将自己代入小说人物，不仅仅包括男性角色，也包括女性角色；不仅仅包括正面人物，也包括反面人物；不仅仅包括主角，也包括配角。有时候我甚至会模仿小说中的人物来做实验，比如我在写《执念》的时候，小说中有一个人物叫杜成，我想写的一个场景是他边说话边口吐鲜血。我当时就含着一口水，对着镜子去说他的台词，去体验：如果嘴里有血的话，会怎么咬字？怎么发重音？哪个字的发音会变得模糊不清？说话时的表情和姿态应该是怎样的？然后我再把我的体会融入我的小说里，这个场景中的一些细节就会比较真实。

战玉冰：这个有点像戏剧表演中的体验派演员，饰演一个角色，先要想象和模拟这个角色的生活和动作，这样才能更好地将自己带入角色之中。

雷米：你要相信自己是这个人，才能表演好。

"后《心理罪》时期"的创作与影视改编

战玉冰：《心理罪》后来被多次改编为影视剧，带动了 21 世纪以来国内刑侦网剧的热潮。你怎么看待这些根据你的小说改编的影视剧？影视剧在呈现人物和故事时，和小说有着怎样的区别？

雷米：相对于影视剧而言，小说是自由度更高的创作。情节设置、人物塑造都可以任由作者发挥，在文档中，作者可以是唯一的主宰者。影视剧是由多方参与制作的产品，包括演员的表演风格、档期、拍摄地的气候和自然风貌，都会对作品的最终呈现产生影响。比方说，我的小说基本上都是以东北作为背景，因为我是东北人，对东北的自然与社会环境更加熟悉，而目前根据我的小说改编的影视作品，大多数都选在南方拍摄。大概只有第一部《心理罪》电影（谢东燊导演）是在大连拍摄的，电影《城市之光》（徐纪周导演）和《心理罪》的剧集都是在无锡拍摄的，这可能和项目制作的规律有关系。

战玉冰：除了《心理罪》，你的小说《智齿》也被中国香港导演郑保瑞改编成电影，你怎么看待这次改编？

雷米：《智齿》是我唯一一部把故事背景放在南方小城的作品，作品用潮湿、炎热的气候来烘托了主角焦虑、急躁的情绪。郑保瑞导演将故事背景改在了香港，还融入了他对香港社会的解读。我觉得这种改编很正常。激发作者创作欲望的要素和打动导演的要素可能是完全不一致的，导演对故事有自己的理解。小说改编电影本来就是二次创作，选择信任导演，就是选择信任他的创作。

战玉冰：在写完《城市之光》后，你选择果断地"完结"了《心理罪》这个小说系列，作为这个系列的爱好者我感觉有点可惜，其实就是还没看够。你当时为什么会做出这样的选择？

雷米：曾经有一个读者给我留言，希望我能成为一个写很久的作者。这句赠言我一直铭记于心。既然打算继续写下去，我就不可能一辈子只写一个题材，只写一个人物，我必须要跳出这个圈子，离开这个人物。

战玉冰：你在《心理罪》之后，又写了《人鱼》《执念》(即《殉罪者》)等长篇犯罪小说，在写作技巧上，我觉得你这些"后《心理罪》时期"的小说创作其实要比最初的两本《心理罪》故事成熟很多，比如在叙事能力和人物塑造方面。但似乎它们并没有取得《心理罪》那样的影响力，你怎么看待这一问题？

雷米：感谢你的评价。我自己也有这样的感受，学生们经常会拿着我的小说来签名，大多数都是《心理罪》系列。大概是因为这是我的成名作。但是，成名作未必是我最好的作品。在《心理罪》之后，我在有意识地做出改变。反正我是业余创作者，业余的好处就是不怕犯错，可以给我留下探索的空间。比如我试图从"讲故事"向"讲道理"转变，就是在作品中增加对社会现实的反思和哲学思辨的部分。我觉得，即使是类型化文学作品，终究不能脱离文学的本质，即探讨人性及反思社会问题。王力扶老师和李楠老师都曾经说过，他们没把我当成一个畅销书作家，而是当成一个严肃文学作家。所以，我之后的创作重点，并没有集中在展示犯罪的残酷与血腥上，而是更关注对于人性之幽暗面的揭示，以及引发读者对某种社会现实的反思。至于是否能得到读者一以贯之的关注，我觉得取决于读者想从作品中获得什么。

战玉冰：除了长篇小说，你近些年也写了不少短篇犯罪小说(比如《智齿》)，你怎么看待长篇和短篇犯罪小说之间的区别？它们在创作方式和难度上有什么差异吗？

雷米：举个不太恰当的例子，长篇小说类似于电视剧，要娓娓道来，有缓有疾；短篇小说类似于电影，谋求短时间内的爆发力。

我觉得短篇比长篇要难写得多，在有限的篇幅内，既要完成情节铺陈，又要完成人物塑造，很考验作者的功力。

战玉冰：在你最新的作品《宽恕之城》中，方木又回归了，并且还延续了《人鱼》的故事，一些宣传文章也会强调你在打造"雷米宇宙"，是真有这样的联动写作计划吗？

雷米：是的。在此前作品的创作中，人物基本处于同一时空环境中。他们可以，也应该有所交集。而且，由于篇幅所限，之前很多作品中的人物和故事没得到进一步延展的空间，如果能够形成联动，可以弥补之前很多的"意难平"。

访谈时间：2024 年 11 月 8 日

马伯庸:
如何把"脑洞"实现为小说

马伯庸

当代历史小说作家,代表作有《长安十二时辰》《长安的荔枝》《太白金星有点烦》《大医》《食南之徒》等。

我们一提到马伯庸,第一反应可能就是他的历史小说创作。的确,从早年的《风起陇西》,到后来的《长安十二时辰》《两京十五日》,再到《大医》《长安的荔枝》《食南之徒》,马伯庸书写中国历史的笔触从两汉三国,到唐朝,再到明朝与晚清,他似乎具有一种可以驾驭不同历史朝代的写作能力。但与此同时,我们容易忽略的是,马伯庸讲述历史故事的方法,恰恰是最现代的小说类型写法,比如悬疑、谍战、推理。类型与题材之间的异质性拼贴,构成了其小说创作的独特魅力。

在具体展开小说故事的过程中,马伯庸非常擅长将虚构的故事和真实的历史相结合，其中重要的方法之一就是为读者描绘出一幅准确且翔实的小说空间地图，比如《长安十二时辰》中的长安城市分布图、《长安的荔枝》中的荔枝物流图、《两京十五日》中的"漕运图"，甚至《食南之徒》中的主角唐蒙的核心技能之一也是绘制地图。清晰的小说地图不仅有助于在虚构的故事中营造出一种历史的真实感，同时也能够给读者呈现出一条明确的人物动线，让读者更容易进入和把握整个故事。除了空间上的"地图学"，时间上的"倒计时"也是马伯庸小说吸引读者的关键要素，比如十二个时辰之内抓住狼卫、保卫长安；在荔枝变质之前将其从岭南送到长安；在十五天内从南京赶往北京……这种"倒计时"式的故事展开模式保证了整个小说情节的紧凑性和紧张感。如果进一步来说的话，"地图学"其实对应着马伯庸历史小说作品的面向，其可以把复杂的历史细节知识以直观的、地图的方式呈现给读者；而"倒计时"则对应着马伯庸小说悬疑、谍战的类型特征，其可以把小说情节上的吸引力借助这种时间结构推到顶点。

除此之外，马伯庸小说的另一个重要特点还在于"好玩"，他从不板起脸来讲故事，巨大的亲和力让马伯庸和他的小说天然具有一种"读者缘"。甚至在早期作品《我在江湖》中，马伯庸最后通过天降陨石的方式，砸死了所有的正派和反派人物，强行结束了整个故事。但这并没有让这部小说的读者感到自己被骗了，反而借此形成了一股新的小说传播热潮，甚至"陨石遁"后来也成为网络上著名的"梗"之一。作者的机智、幽默和把握读者的能力由此可见一斑。

在访谈中，马伯庸说他自己的电脑里有一个名叫"坑"的文件夹,里面放了无数的"脑洞"灵感、小说开头或故事片段,都是他平时随手记录与积累的结果。感觉这个文件夹就是一个源源不断的写作富矿,里面一个又一个精彩的故事等待着被他写作,被读者阅读。

——采访手记

历史与谍战的融合实验

战玉冰：我读你近几年的小说,感觉其中有一个很突出的特点,就是你非常擅长将中国古代历史题材和现代类型小说的写法相结合,比如《风起陇西》是三国题材加上谍战,《长安十二时辰》是发生在唐代长安城中的警匪追逐与反恐故事,《两京十五日》是明代背景的公路冒险小说,《食南之徒》是汉代的美食侦探故事……大多数读者可能都会把你归入历史小说家的行列,但我觉得你同时也是一名出色的悬疑、推理或者谍战小说作者。你怎么看自己小说中的悬疑或者谍战类型?

马伯庸：我觉得悬疑或许不能算是一种小说类型,而是一种小说写作技法。所有的通俗小说——无论是金庸、古龙的武侠小说还是卫斯理的科幻小说,无论是张恨水的"鸳鸯蝴蝶派"作品,还是时下的网络文学——或多或少都会运用到这种技法,我的小说里也不能免俗。但如你所说,我的这几部小说应该可以算是广义上的悬疑推理小说。在我的创作理念中,会习惯性地把一些不同类型的东西嫁接到一块。比如《风起陇西》,我当初写的时候想法非常简单，就是我看了这么多年的三国故事，其中有战场厮杀，有庙堂权谋，有爱情传奇，但还没有人写过三国时期如果有间谍，故事会是什么样的。所以我就采用了谍战小说类型，和三国历史故事进行了结合，小说里魏国与蜀国之间的关系，其实就是冷战时期美国与苏联关系的置换。再比如《古董局中局》，表面上写的是古董或者鉴宝行业，但我运用的其实是武侠小说的类型写法，只是小说中人们比拼的不是武功，而是鉴宝的知识和技能，其中的各种门派，灵感也都来自武侠小说。我还曾经写过一部小说叫《欧罗巴英雄记》，是用金庸武侠小说的写法来写欧洲中世纪的骑士冒险故事，那部小说就实验性质来说，就走得更远了。

战玉冰：感觉你是在把原本完全不同的两个东西结合起来做小说实验，看看它们在一起能产生什么样的化学反应。

马伯庸：是的，我觉得这个实验过程是一个特别好玩的过程。

战玉冰：那你最早读的悬疑或者谍战类小说作品是什么？对你影响比较大的作家是哪几位？

马伯庸：我小时候最早接触这类作品是在 20 世纪 80 年代末、90 年代初，比如《啄木鸟》杂志，里面有各种推理办案的故事。当时还有个作家叫东方明，也写了很多打着刑侦旗号的间谍小说。同时还有很多悬疑电影，比如《405 谋杀案》《神秘的大佛》《戴手铐的旅客》，等等。其中《戴手铐的旅客》和美国大片《亡命天涯》采用的是完全一样的故事内核，都是一个有嫌疑的人一边逃亡，一边努力证明自己的清白，只是二者的表现形式有所不同而已。然后那时我还接触到了"007"系列，还有福赛斯的小说，不过小时候最初看的都是连环画。其中冷战背景的谍战小说对我影响比较大，比如约翰·勒卡雷和福赛斯的作品。还有伊恩·弗莱明的"007"系列，以及汤姆·克兰西的小说《恐惧的总和》，但这些都是我后来才看的。

战玉冰：所以你最钟爱的小说类型还是谍战小说？

马伯庸：是的，比如毛姆应该也算谍战小说作家，还有《三十九级台阶》的作者约翰·巴肯，我都很喜欢。

战玉冰：用现代小说类型讲述中国历史故事，你怎么看待这里面的融合问题？是会有新奇的化学反应产生，还是也会出现水土不服的情况？

马伯庸：我在写第一部长篇小说《风起陇西》的时候刻意没有做融合，甚至故意用一种带有西方翻译腔的笔调来写三国故事，想要造成一种反差的效果，应该说当时的效果其实还不错。但后来在出新版的时候我还是对它进行了修改，把一些太过西化的句式表达去掉。当然《风起陇西》中也有一些古今融合方面的设计，比如小说里写一个人接受审查，我就借用了东汉末年由许劭兄弟主持的月旦评，这原本是一项品评人物的活动，被我置换成了现代的审查。也正是从这本书开始，我一直在做的一个工作就是，寻找古今、中外之间的契合点，想看看能不能找到什么事情是历史上原本没有，但又好像是可能会有的。我在小说里把它写出来既不会有违和感，同时它的内核又是新的东西。

战玉冰：有什么具体的融合案例可以分享一下吗？

马伯庸：比如我在《风起陇西》中虚构了一个叫"靖安司"的组织——"靖难"的"靖"，"平安"的"安"——是一个反间谍机构。当时我把这两个字放在一起并没有什么特别的理由，纯粹是凭文字上的直觉。后来在写《长安十二时辰》时，靖安司再次出场，没想到它的影响力更大了，很多读者甚至误以为它是历史上真实存在过的。

战玉冰：不同的历史时期，其中的经济、科技发展水平，或者政治、文化环境都有很大的不同。而你采取现代的类型来重讲这些历史故事，它们能成立的前提或许在于其中有某种可以跨越古今的、恒定不变的东西，比如人性。

马伯庸：的确如此，我觉得历史是有它的内在规律和逻辑的，比如从古至今人性基本是没有变化的，包括人际关系也一直没有变过。举一个例子，以前我们读《三国演义》，讲到官渡之战时，刘备在徐州造反，曹操率兵去打刘备，后方空虚。袁绍的谋士田丰就建议袁绍此时出兵去偷袭曹操，一定会大获全胜。而袁绍却说自己的小儿子最近生病了，没心情，拒绝了这个提议，结果就错失了一次绝佳的战机。我最初看这段时，只是觉得袁绍太傻了，但当后来我自己有了儿子之后，我就能理解袁绍了，如果我的儿子病了，我也肯定没有心情做任何别的事情。袁绍可能不是一个好的政治家，但一定是一个好父亲。他的这个决定从政治军事上看可能是错误的，但在他自己那里，逻辑又是高度自洽的。可见即使是同一段史料，在我不同的人生阶段，读出的东西都是不一样的。人生阅历会引发共鸣，而共鸣恰好来自古今人性的不变之中。

"诗比历史更真实"

战玉冰：我觉得《长安十二时辰》在你的小说创作中具有特别

的意义，甚至我们可以把这部小说看成一个分水岭。在这部小说之后，你的小说创作又上了一个新的台阶。具体来说，《长安十二时辰》不仅延续了你以往小说中的中国历史题材加强类型设定，同时这部小说中严密的故事结构，以及小说里非常丰富、翔实的历史细节知识，也构成了你后来创作的主要特点之一。能谈谈这部小说的写作过程吗？

马伯庸：我 2015 年辞职开始全职写作，2016 年动笔写《长安十二时辰》，2017 年出版了这本书。可以说《长安十二时辰》是我第一本全职写作的长篇小说。当然选择写这个题材，最重要的原因还是和唐代长安本身的开放属性有关，作为当时最强大的王朝首都，长安城里云集了来自不同地方的人，除了中原人，还有日本人、高丽人、粟特人、昆仑奴，甚至还有罗马人、波斯人和非洲人，这就像今天的国际化大都市北京、东京、纽约、伦敦等。这样的城市面貌和时代风气为我们提供了更多想象的可能性，在这样一个国际化的城市里，发生任何故事似乎都是有可能的。

战玉冰：这就为你的小说虚构提供了充足的空间。

马伯庸：是的。这部小说更具体的起因来自一个知乎网友的提问："如果你来给《刺客信条》写剧情，你会把背景设定在哪里？"我当时就想到了长安。后来为了加强故事的紧张感，我又借鉴了美剧《24 小时》，把整个故事集中在一天之中发生。

战玉冰：今天我们写历史悬疑故事，似乎特别喜欢以唐朝为背景。除了你的《长安十二时辰》，还有魏风华的《唐朝诡事录》和陈渐的《西游八十一案》，等等，而这股"唐代悬疑风"的缘起可能还要追溯至高罗佩的《大唐狄公案》那里，此外还有大量根据这些小说改编的影视剧作品。但在大多数当代人关于唐朝的想象中，似乎那都是一个高度繁荣的时代，但历史上真实的唐朝也并非完全如此。换句话说，唐朝不是只有盛唐，此后还有漫长的中唐和晚唐时期。

马伯庸：大众对于唐朝的历史有着某种"选择性遗忘"。所谓"大唐盛世"只是唐朝前三分之一的历史，唐朝后三分之二的历史都是藩镇割据的状态。而我们的故事一般只讲到安史之乱。杨贵妃一死，我们心目中的那个大唐好像也就结束了。

战玉冰：还有就是这些关于唐朝的文学和影视作品，经常会写到西域，但其对于西域的想象方式又经常陷入某种刻板印象，比如西域经常和奇花异草、神奇毒药，或者致幻剂相关联。

马伯庸：你所说的这些关于西域的想象，其实最早是从武侠小说中继承下来的。

战玉冰：比如《射雕英雄传》中的西毒欧阳锋或者《笑傲江湖》里蓝凤凰一类的角色。

马伯庸：对的，这是一种流行文化叙事所固化的文化属性，一提到西域或者西南，我们在通俗文学中就会有某种相应的联想。就像一提到东瀛，我们就会想到武士刀和忍者；一提到北方大漠，就是孤身刀客。当然你也可以完全不这么写，但读者和观众已经有了这种固有的印象。推陈出新，打破读者的成见，需要足够强健的笔力。像金庸先生以一己之力，创造了"丐帮"这个概念，让乞丐们的组织一跃成为所有江湖都必备的元素。

战玉冰：你这个说法很有意思，中国读者对于"西域"的想象是从武侠小说中建立起来的，现在又延伸到了悬疑推理类的小说和影视剧中，可以看出大众文化领域不同文学类型之间的彼此影响和渗透。大概也正是从《长安十二时辰》开始，作为历史小说作家的马伯庸身上"考据癖"的一面被渐渐凸显出来，你在这部小说里对长安的城市格局、市坊分布、街道情况、建筑形制，以及人们的日常作息时间等都做了严格的历史考据，这给读者带来一种强烈的真实感。为什么在这部小说中会出现这个变化？

马伯庸： 我觉得国内历史小说写作存在着一个时代风气上的转变，上世纪八九十年代的那一批历史小说，情节上大开大合，非常好看，但细节上往往不那么考究。而 21 世纪以来，特别是到了最近十年，随着历史普及的深入，大众在历史细节上就越来越要求准确了。现在国内写历史小说的作者，很多都有追求历史细节真实的意识和自我要求。而更为便捷的信息检索手段，也帮助我们在获取资料上相对更容易一些。

具体到我自己写作上的变化，可能和我在这一时期开始全职写作，有了更充足的时间去看书、查资料有关。很多时候我写历史小说的原因之一是要倒逼自己去看书，有些书如果不是为了写作就很难看进去。比如我写《长安十二时辰》时读《隋唐两京坊里谱》，这是一本资料性质的书，讲唐朝长安和洛阳的城市修建工程、城门交通制度、城里寺庙和街道的分布情况，等等。如果不是为了写小说，我就不太会去看这本书。而有了写作的计划，就有了相应关注的问题，然后再去翻这本书，就会看得津津有味，大有收获。这有点类似于苏轼所说的"八面受敌"读书法，每次带着一个问题去读书，就容易集中注意力，读得也会比较深入。

我之前写《风起陇西》时也犯过一个错误，就是写到三国时期的人在吃辣椒，而辣椒是很晚才传入中国的。被读者指出来之后，我深受刺激，后来格外小心，写历史小说更追求一种细节上的严丝合缝。这个做法，也是受到了福赛斯的影响，他在写《豺狼的日子》《战争猛犬》《上帝的拳头》这些小说时，会写得极其细致，细到每一条街道的名称、每一支枪的型号，甚至每一张票据的单号都会被具体地写出来。后来我去查了下，发现这些细节其实都是他自己编的。但当他小说中的这些细节做到足够细致之后，对于读者来说就会产生一种质感，或者说一种可信感。读者本能的反应是，你写得这么细致，那么应该就是真的吧。这和我们玩 VR 游戏一样，当游戏分辨率足够高的时候，就会让我们产生一种真实的幻觉。

战玉冰：通过细节来营造出某种历史的沉浸体验。

马伯庸：是的，你写当代生活背景的小说，很多细节无须多做解释。但历史小说故事发生的时空对于读者来说本身就是陌生的，作者需要将读者带入到历史时空，并让读者感觉小说里的那个时空是真实存在的。如何解释并让读者接受这一过程，是需要仔细思考的。

战玉冰：但有时候你似乎又是在故意打破这种真实的幻觉，比如《长安的荔枝》中你让岭南人说"做人，最重要的是开心"，读者都知道这是来自香港 TVB 电视剧中的台词，以及你在《长安十二时辰》里设计的望楼和大案牍术，其实也是来自 21 世纪的监控系统和大数据。

马伯庸："做人开心"那句话是我网络时代写文章遗留下来的

习气，说白了就是想要在小说里玩个"梗"。而《长安的荔枝》这部小说最初就是贴在网上的，没想过要出版。既然贴在网上，我想就不妨写得轻松一点、好玩一点。但这里玩"梗"也有一个原则和尺度，就是这个"梗"放在唐朝要能够成立。比如你想让唐朝人嘴里说出几句俏皮话，就不能说"人生就像打电话，不是你先挂，就是我先挂"，因为唐朝根本没有电话，这句话也就不可能出现在唐朝。但"做人，最重要的是开心"，唐朝人可以说吗？可以说。唐朝人可能实际上并没有说过这句话，但理论上并不是不可能，这就不违背起码的历史真实原则。

而关于《长安十二时辰》中"望楼"的设计，则是出于情节上的需要。因为我把整个故事压缩在了 24 小时之内，这就需要信息在长安城内快速地传递，这样才能保证故事情节的发展节奏，所以我就设计了望楼。还是同样的原则，唐代长安城里确实没有过望楼，但是在当时的技术条件下，有可能做出望楼么？它也是有可能的，这里我借鉴的历史原型就是烽火台。结果很多读者在看了这部小说后，跑去问唐史专家：现在还有望楼的遗址留下来吗？可见虚构的内容最终也产生了某种以假乱真的效果。

战玉冰： 就像你之前在一次演讲中说的，你的历史小说写作呈现出一种"三明治式"的结构。上面一层，在大的历史框架上，比如重要的历史事件和年代节点，都要严格遵循历史真实。下面一层，在具体而微的历史细节上，也尽量把考据功夫做足，写得足够细致和具体，为读者营造出一种沉浸感。而中间一层的故事情节发展，有了这上下两层的真实保障，就可以充分发挥想象力，尽情地享受虚构的魅力了。

马伯庸：亚里士多德说"诗比历史更真实"，他这里的"诗"指的是《荷马史诗》，就类似于我们今天的历史小说。你刚才说到历史小说中真实与虚构的关系，除了上下两层的真实，中间虚构的一层也需要遵循历史的逻辑，不能肆意想象。我觉得我们在历史小说中虚构的边界在于：某件事这个历史人物可能没干过，但是他有可能干得出来，逻辑上是符合历史真实的，这才是历史小说所要追求的真实性。举个例子，比如鸿门宴上项羽放走了刘邦，《史记》完全没写其中的原因，但我们可以通过人情世故来进行推测。当时项羽26岁，天下无敌，人人都尊称他是"霸王"，志得意满，而刘邦则是一个51岁的老头。再考虑到当时人们的平均寿命也就40多岁，那么项羽轻视刘邦就符合人之常情，何况项羽本身就是一个性格高傲的人，那他放走刘邦就更加符合情理，我们写历史小说就可以沿着这个思路去想象、去虚构。钱锺书先生在《宋诗选注》里说过，"考订只断定已然，而艺术可以想象当然和测度所以然"，就是这个道理。

战玉冰：需要作者在古今不变的人性本质与人际关系中来揣摩当时人物可能的行为动机。

马伯庸：是的，有时候我觉得写历史小说需要作者懂得人情世故，只有自己经历得多了，才能更好地揣摩出人性中的普遍性，才能更好地把握历史中真实和虚构之间的分寸。正所谓"世事洞明皆学问，人情练达即文章"。

战玉冰：在你的小说中，和历史细节真实相对应的另一个特点就是你特别喜欢写历史上的小人物，甚至借用你的一部小说的标题，你所有的作品都可以被称为"历史配角演义"。我理解的是，选择写这些小人物而不是我们以往所熟悉的帝王将相这一类的"大人物"，具有更大的虚构故事的空间和可能性。但为什么一定要找一些在历史上被记载过却又被一笔带过的人物作为原型呢？比如《长安十二时辰》中的张小敬。如果你完全虚构一个"李小敬"或者"王小敬"，这似乎也不会影响到整个故事情节，绝大多数读者此前应该都完全不知道张小敬这个人的存在。

马伯庸：对作者来说，写真实的历史人物会有一种成就感。我把一个小人物从史书记载上只有一个名字，慢慢补充丰富他的性格、情感，乃至一生的经历，这个人物其实是有一个根在那里的，就好像历史上有一根线牵着这个人物，他并不是完全被我虚构出来的。虽然大部分读者都不关心到底是张小敬还是李小敬，但也有读者会去查史书，当他看到历史上张小敬把杨国忠杀掉这条记载时，就会有另外一种阅读感受，他会觉得这个人物、这个小说和这段历史之间，其实是有关联的。

"我的小说通常写两个版本"

战玉冰：你的《两京十五日》去年被日本早川书房引进，作为其推理文库编号第2000本的重点推荐作品，现在这本书在日本的市场销量和读者反响也都很不错。你觉得为什么日本读者会喜欢这部小说？

马伯庸：《两京十五日》是一个特别值得分析的文化输出案例。当时早川书房说要翻译和引进我的小说时，我以为他们会选

《长安十二时辰》，一个原因是当时这本书改编的剧已经播出了，影响力比较大，另一个原因就是日本读者很多都有唐朝情结。但他们最终选了《两京十五日》，有点出乎我的意料。因为日本大多数读者对明朝都没有太多的了解，书里面讲的明宣宗朱瞻基他们应该也不太认识。但对于外国读者来说，这个故事的基本逻辑框架是清晰易懂的，就是四个人组成的团队要完成一段公路冒险旅程。主角团中的四个人也是各有分工，有的负责战斗、有的负责医疗、有的负责沟通，这就构成了他们理解和接受这个故事的基础。有了这个故事内核，你把明朝的故事换成春秋战国时期的故事，也没问题。可见故事结构如果处理得足够小心，题材并不会成为阅读障碍。

战玉冰：不过你的《两京十五日》中，对于历史知识的融入似乎有所弱化，这并不是说你没有在这部小说里做严格的历史考据，而是你好像是在有意把历史知识和细节藏在小说情节背后。

马伯庸：这应该和作者的创作心态变化有关，年轻时锋芒毕露，喜欢显摆自己有多少知识。后来随着年龄的增加，我就开始藏了，有些东西我不会说出来。比如我在《两京十五日》中写主角站在南京城墙上往下跳，旁边有人说这么高的城墙你跳下去就摔死了，一般可能写到这里就可以了，但我多写了一句，说这城墙有六丈五尺高，你从这么高的地方跳下去肯定就摔死了。有研究古建筑的读者看到这里就去查了考古报告，他发现小说里的这处细节和考古报告对于南京城墙高度的记载能对得上，还就此表扬了我。我跟他解释，这其实也没什么神秘的，因为咱俩看的就是同一份资料，我写小说的时候就做了这个功课，只是把城墙高度的细节藏在了叙事背后。

我现在写小说通常都有两个版本，先写一个版本，尽情在里面铺洒知识和细节，让自己写爽；然后再修改一版，开始大规模删减这些知识内容，不要因为这些知识干扰到故事的讲述，不要"以辞害意"。比如我最近想写一部和电报有关的小说，我还真弄了一台电报机来亲自上机操作一番。在最开始的一稿中，我写了很多关于电报机的细节描写和工作原理，比如怎么调频、怎么找台等。但我在第二次看的时候就把它们都删掉了，只保留了一个细节，就是电报机刚刚开机时，因为电压不够会微微地颤抖。主角在发报之前，会把手按在上面，体会这种震颤，与自己内心的忐忑交织在一起。这个知识细节，与人物之间有了互动，它就是有意义的。我现在掌握的一个写作原则就是，小说中任何一处技术细节上的描写都应该同时能够完成两种功效：一是有助于情节的推进，二是可以体现出人物的成长变化。这样的技术细节才是好的细节，才能够完美地融入故事里。

战玉冰： 就是细节描写和小说叙事不能割裂开来。

马伯庸： 对的，比如你写一个人开车，在情节叙事上直接写他上车开走可能就够了，详细地写他怎么踩油门、怎么挂挡，没有太大的意义。但如果你要写这个人非常慌张，比如他刚才有什么秘密被别人发现了，这时你写他的手不停地颤抖，去拧车钥匙却怎么也拧不动，这个细节就是有意义的。

战玉冰： 在你的小说中，除了悬疑的类型结构和丰富的历史细节之外，还有两点特别吸引我，一方面是你的小说往往开始于一个非常奇特、好玩的"脑洞"，比如《长安的荔枝》，就是从"一骑红尘妃子笑，无人知是荔枝来"这句中国人从小就会背的诗句出发，然后问荔枝到底是怎么运来的，这构成了整个故事讲述的原点。另一方面是你有着实现这个"脑洞"，或者说让天马行空的想法具体落地的能力。还是在《长安的荔枝》中，主角李善德就像一个物流项目经理一样在统筹规划各种交通运输、物流管理、产品保鲜等方面的问题。我很好奇，你具体写作时的构思过程是怎样的？

马伯庸：我自己的感觉是，"脑洞"和灵感可能还不是最重要的，说实话，每个人每天都可能会有很多个"脑洞"，灵感也随时可能会爆发。最重要的是把一个"脑洞"实现为一部小说的过程。比如《长安的荔枝》，我们都知道那句诗，也知道杜牧在写那句诗的时候是在批判统治阶层的骄奢淫逸，但没有人去关心"荔枝是如何来的"这样一个问题。这时候我就会带入自己的经验，作为一个有过十年上班族经验的人，我知道老板交给我一个任务之后我该做些什么，比如要做市场调研、过程规划、成本核算，然后跟其他部门协调和推进这项工作。那假设我现在接到的任务就是在唐朝的技术条件下，把岭南的荔枝在保鲜的情况下运送到长安，我会遇到什么困难，我该如何解决这些困难，这就构成了我这部小说的底层逻辑和结构。在此基础上，我在各个关键的工作节点和项目推进可能会遭遇困难的地方加入一些情节上的转折，设计一些矛盾冲突，形成一些戏剧性，同时完成主人公成长的弧线。他最后认识到自己此前追求的官职其实并不那么重要，真正重要的是家人和日常生活本身。这样整个小说的故事就基本形成了。

战玉冰：相当于产品经理的工作逻辑是你这部小说的底层逻

辑，再往上一层是小说的情节和戏剧冲突线索，最上面一层是人物的成长和内心的感悟。

马伯庸：对的，这部小说的核心逻辑结构就是在项目工作中解决问题的过程，所以它其实是一部"社畜"小说。类似的，我写《太白金星有点烦》也是用的这套方法论，写这部小说源于我在论坛上看到的一句话。当时一个网友说：天上一日地上一年，所以《西游记》唐僧取经走了十四年，对于天上的神仙来说感觉就像是做了一个两星期的项目。这一下子又把我身上的"社畜"基因给激活了，我就想如果由我来做这个项目该怎么做。我最开始代入的还是唐僧和孙悟空，但发现故事不好讲。然后才把自己代入太白金星，他有着上承天庭、下接凡间的特殊身份，我就从他的角度出发，把西天取经变成了一个项目来进行经营和管理。

战玉冰：你 2015 年辞职开始全职写作，但反而在离开职场之后写出了《长安的荔枝》和《太白金星有点烦》这种能够引起当代打工人强烈共鸣的作品，你是如何在实际上脱离职场之后还能继续保持这种对于时代情绪的敏感度的？

马伯庸：一方面，我在全职写作之后并没有把自己困在书斋里"两耳不闻窗外事"，我和之前公司的老板和同事都保持了密切的联系，还会定期聚会，听他们聊最近大家都在关心什么事，或者说都在烦心什么事。另一方面，很多微妙的事情和人际关系在我身处职场之中的时候是感受不到的，当我脱离了那个环境、和它保持了一定的距离之后，反而能看得更清楚。恰好这时候全职写作给了我一个机会，让我可以把自己过去的阅历进行整理，并且和我所阅读的历史文献之间相互对照。也就是只有阅历还不够，还需要有一个反思和总结阅历的过程。

战玉冰：相当于离开职场之后的这些年，构成了你此前职场经验的沉淀期和发酵期。

马伯庸：是的。

《食南之徒》与"美食侦探"

战玉冰：我们最后来聊聊你的新作《食南之徒》吧，我觉得这部小说中美食侦探的设定很巧妙。它抓住了美食和推理两种文化在本质上的交集。即一个热爱美食的人必须热爱日常生活，所以他会特别关注生活中的细节；而一名优秀侦探的基本素质也是需要善于观察生活细节，并就此展开推理。你为什么会想到写这样一部作品？

马伯庸：我在十几年前就想过要写一个关于美食的故事，但我认为写美食的故事不能只写美食。除了像《孤独的美食家》这样的作品，其他绝大多数关于美食的文艺创作都是借助美食来讲美食之外的东西。比如《食南之徒》也是借助美食讲一个案件的推理，乃至一桩政治大事件。

战玉冰：我之前看过一部和美食相关的悬疑电影《双食记》，里面将美食和悬疑结合的设计非常巧妙。

马伯庸：是的，那部电影我也看过，其中利用中医文化中不同食物彼此间相生相克的原理，最后不动声色地把人干掉。

战玉冰：在《食南之徒》中，除了琳琅满目的食物名称，还有两个地方令我印象深刻，一个是各种各样的调味酱料，其中包含着各种丰富的、极致的味觉体验；另一个就是各种各样的香料气味，甚至你在小说里写当时的南越国，鼻子足够敏感的人，通过气味就可以辨识出一个人的身份和阶层。不同于视觉和听觉，味觉和嗅觉是以往我们在小说书写中经常忽略的感觉。

马伯庸： 我觉得嗅觉和味觉是没有办法用文字正面表达出来的，人们对于这两种感觉的体验很难诉诸文字，我们只能间接地通过我们所熟悉的东西来不断类比、比喻，然后逐步逼近这两种感觉体验。比如我们要描述喝葡萄酒时的感官体验，可以把它拆解为酒香、液体、丝滑等属性，而丝滑可以让我们联想到对于丝绸触觉质感的记忆，于是我们就可以通过比喻和置换的方式把一个人第一次喝葡萄酒的感受描述出来。我们不能做到完全准确还原，但可以借助已有的各种经验去无限贴近它。

战玉冰： 就是用一种比较巧妙的方式，把不可描述的感官经验转化成我们更熟悉的，且可以被描述的感官经验。

马伯庸： 是的，雷蒙德·钱德勒《漫长的告别》中有一句话令我印象深刻，他说"死人比破碎的心还要沉重"，没有人知道破碎的心有多沉重，但我们知道死人有多沉重，他借用了一个物理上的重量，来帮助我们感知或者说逼近一种心理体验。

战玉冰： 对于《食南之徒》，我读后其实有一个意犹未尽的地方，就是唐蒙后来发奋开辟蜀道，修了 22 年的路，小说中对这个漫长的过程其实是一笔带过的，我感觉这个故事展开后会是另一本很精彩的小说，就是关于唐蒙如何修路，遇到哪些困难，又如何解决困难，感觉至少是另外一个《长安的荔枝》级别的故事，你怎么看待小说中的这处省略？

马伯庸：确实，唐蒙修路的过程中应该也有很多的故事可以讲。但我之所以省略了这一块，一个原因是小说的主题不在这儿，我不想在其中插入一本《长安的荔枝》来干扰这本小说的主题表达；另一个原因是整本书的篇幅也不宜太长，如果把 22 年的修路过程都详细展开，就会变得非常冗长。同时，最重要的一点还在于，唐蒙用 22 年的时间做了一件艰苦卓绝的事情，其目的是帮甘蔗报仇，当我把这个过程一笔带过写出来的时候，读者会觉得非常感动，但如果我把这个过程拉长，写他如何修路、如何和当时的士卒发生冲突，读者的感动就会慢慢丧失。有时候制造感动需要模糊一些细节，太清晰的故事颗粒度反而不容易调动读者的情绪。这种情况下就只能做一种艺术上的处理，把它蒙太奇化。

访谈时间：2024 年 11 月 27 日

陈思诚：
类型片是中国电影的出路

陈思诚

中国电影导演、编剧、演员、监制。导演代表作《唐探》系列（共4部）、《解密》等，监制《误杀》系列（共3部）、《消失的她》《三大队》等。

在最近十年国产电影的发展历程中，"类型化"可以说是一个不容忽视的重要趋势。其中不仅宁浩、郭帆、路阳、大鹏等一批青年类型导演正在迅速崛起，就连张艺谋等老一辈导演也开始重新尝试探索类型电影的叙事和表达。陈思诚，无疑是其中很有代表性的一位。《唐人街探案》系列电影，也是我们观察和讨论当下中国侦探推理类题材电影所不能绕过的作品。更重要的是，这些新一代中国电影导演并不耻于谈类型，而是将类型作为平衡商业诉求、观众审美与个人表达的重要媒介，这是国产电影工业化发展不断成熟的表现。

《唐人街探案》系列电影（简称《唐探》系列），一方面连接着最小众和本格的"推理梗"，比如歌野晶午《求道者密室》、杰克·福翠尔《遗失的镭》、青崎有吾《体育馆之谜》，另一方面又拥有着最广泛的电影观众群体，其前三部电影票房分别为 8.23 亿元、33.97 亿元和 45.23 亿元，是国内累计票房最高的系列电影之一。而除了《唐探》系列之外，陈思诚还导演了根据麦家同名小说改编的《解密》，监制了《误杀》三部曲、《消失的她》《三大队》等一系列悬疑、犯罪或谍战题材电影，无疑是国内最具有大众影响力的类型电影创作者。但在接受访谈的过程中，他却不认为自己是专攻悬疑推理类型的导演，他早年关注的是人性的深邃与幽微，后来逐渐转向对于大时代与个体命运之间关系的思考，而所谓悬疑、犯罪、推理与谍战元素，不过是他表达自我的框架和形式而已。

我开始对他的这一自我定位稍感困惑，直到看到陈思诚公司公共区域的书架上，摆着一整套阿加莎·克里斯蒂的侦探小说全集，以及大量江户川乱步等经典推理小说作家的作品时，我大概有点理解了他的意思。对于阿婆、乱步来说，侦探推理类型也只是一种表达形式，其手法有可能被挪用甚至超越，其诡计也可以过时，但潜藏在故事深处的对复杂人性的探索和对历史真相的追寻却会一直延续下去。

从 2015 年《唐人街探案》第一部，到 2025 年的《唐探 1900》，"唐探宇宙"已经历经十年，在这十年中，《唐探》系列电影恰如赵英俊为电影所写的主题曲《唐人街》中的歌词："有人来/有人走/心中

的河永远向东流/请问走多远才到唐人街/上二楼再听一段儿狄
仁杰。"

——采访手记

我真正感兴趣的是个体与大时代之间的关系

战玉冰：你是从什么时候开始读悬疑推理类小说的？最早接触的侦探推理小说是哪些作品？

陈思诚：我小时候会看很多各种各样的小说，并没有刻意去追悬疑推理小说。后来为了拍《唐人街探案》，还专门请推理方面的专家来给我补课。我的阅读启蒙应该是初一的时候，读了《神雕侠侣》的第二部。当时刚看完1983年版《射雕英雄传》的电视剧，很偶然的机会在家里阳台上看到一本《神雕侠侣》。我那时根本不知道什么是《神雕侠侣》，但因为看过"射雕"，知道了郭靖，翻开那本《神雕侠侣》第一页，里面就有一幅郭靖踩着襄阳城墙的插画，这就和我看电视剧的印象对上了，引起了我的兴趣，这本小说可以说打开了我少年时阅读的窗口。那时读了很多金庸、古龙、温瑞安等作家的作品，可以说我小时候的阅读经验是从武侠小说开始的。

至于侦探小说，我真正看的第一本是《福尔摩斯探案集》中的《血字的研究》，但我当时并没有把它当成侦探推理小说来读，而是作为一本外国文学，和《红与黑》《战争与和平》之类的放在一起来看。

战玉冰：你这个阅读经验很有意思，这让我想起杨德昌电影

《牯岭街少年杀人事件》中的 honey 把《战争与和平》当武侠小说读，你把《福尔摩斯探案集》和其他世界名著放在一起来看，也挺有趣的。

陈思诚： 我初中时偏科特别厉害，语文、历史成绩很好，数理化一塌糊涂。直到高二上了谢晋影视艺术学院之后，就从以前偷偷摸摸读小说变成了可以光明正大地看书了，看小说变成了专业学习的一部分。

战玉冰： 那时候你主要看了哪些书？

陈思诚： 很多。当时我在大学里上一门叫"小说片段"的课，开始真正地接触中国当代小说。恰好 20 世纪 90 年代国内有点"文艺复兴"的意思，我也是如饥似渴地看各种小说。比如我当时看了苏童、莫言的小说，贾平凹的《废都》。我还特别喜欢王朔的小说，后来王朔的小说看完了，能作为王朔小说"平替"的不多，我就开始看石康等作者的书。

战玉冰： 你那段时间读过哪些侦探小说？

陈思诚： 我大学时开始接触阿加莎·克里斯蒂的作品，除了小说，还有话剧《捕鼠器》，我对这部作品印象比较深。后来也看了一些东野圭吾的作品，比如《嫌疑人 X 的献身》。连同这部小说在内，包括阿婆的《尼罗河上的惨案》《东方快车谋杀案》等，这些作品在诡计上都足够扎实，且具有绝对的开创性，但这种东西实在太难写了，并且写一个少一个，阿婆一个人不知写了多少诡计，写到让后面的作者"无路可走"。

战玉冰： 你青少年时期的阅读经历，和你后来从事电影编剧、导演的工作之间，有什么关系吗？

　　陈思诚： 肯定是有关系的，我的青少年时期正好是在八九十年代，那时候电影与文学之间的联系是非常紧密的，像《红高粱》《大红灯笼高高挂》《活着》《霸王别姬》《阳光灿烂的日子》这些当时最著名的电影，全都脱胎于文学。虽然后来我自己拍的电影几乎很少根据小说改编，但我很早就认识到文学与电影之间息息相关。

　　战玉冰： 那你青少年时期的观影经验中，会对哪些悬疑片印象特别深刻吗？

　　陈思诚： 这个确实有，我小时候特别喜欢大卫·芬奇的《七宗罪》，觉得这是一部没有瑕疵的电影。后来在淘碟时看到一部电影叫《杀人回忆》，当时我还没看过什么韩国电影，也不知道奉俊昊是谁，只是因为这张影碟上面写着"韩国版《七宗罪》"，我就兴冲冲地把它买回去看，电影最后宋康昊看向镜头的那一幕，把我彻底震住了，这部电影简直太有劲儿了，让我意犹未尽。后来奉俊昊的所有电影我都看过，但最喜欢的还是《杀人回忆》。大概也正是从那时开始，我就萌发了想拍一部侦探电影的愿望。

　　战玉冰：《杀人回忆》这部电影最吸引你的地方在哪里？

　　陈思诚： 这部电影是根据韩国的一起真实案件改编的，里面对整个韩国的时代变化有着很出色的呈现。我最初看这部电影时，对韩国七八十年代的历史并没有太多的了解，但电影所表现的时代转折背景下的个人命运、警察的众生相等，还是很吸引我，我能感受到其中的真实。就像姜文拍的《阳光灿烂的日子》里的那种真实一样，你没经历过，但你相信就是这样，这就是好电影的魅力。

　　类似地，我也很喜欢科恩兄弟的《冰血暴》和《老无所依》这种犯罪片，也是因为被电影中时代与个人之间的关系所吸引。我自己后来去拍《解密》，包括拍《唐探 1900》，都是有着这方面的思考和表达。

战玉冰：我的一个感受是，《唐人街探案》，包括《消失的她》和《误杀》等作品，在悬疑的剧情之外，着重表现的还是对人性的挖掘。比如《唐人街探案》中养父畸形的爱、人性中的算计与利用，《消失的她》中欲望与贪婪所引发的恶念，以及《误杀》中当权的父母过度的溺爱，等等。但到了《解密》和《唐探 1900》，我感觉大时代的因素就更多了一些。比如《解密》中个体与集体、天才人物与国家忠诚的关系，或者是《唐探 1900》中借助一起连环杀人案所揭示的早期北美华人群体的历史遭遇。

陈思诚：是的，如你所说。我以前可能更追求一种极致的类型化展现，以及对于人性部分的探究。到了现在，我觉得我已经超越了那个阶段，变得更加关照现实了，可能是我自己长大了，成熟了。我更关注个体在时代下的无奈，个体命运被时代所席卷。所以无论《解密》也好，《唐探 1900》也好，突出的都是人与时代的关系，谍战也好，笑闹喜剧也好，包括推理探案，都只是一个故事外壳，我真正感兴趣的还是个体与大时代之间的关系。

比如《唐探 1900》，因为处在那样一个时代中，一对原本相爱的青年男女却不能在一起，像费洋古那样一个人瞬间就可以产生如此巨大的变化，或者是白轩龄、郑仕良，乃至唐贵（阿鬼）和秦福，都是被那个时代所造就的。他们背后都有着非常厚重的、不可言说的一些"大历史"。

战玉冰：我对岳云鹏饰演的费洋古这个人物印象比较深刻。开始我以为三个来自清廷的杀手只不过是负责搞笑的角色，但最后的反转还是非常精彩，把人物身上的矛盾性展现了出来。

陈思诚：正是因为时代转折的背景，才造就了人物身上的这种复杂性。我们只是用比较戏剧化的方式把它呈现出来。

类型片是中国电影的出路

战玉冰：从作品的时间顺序来看，你最早作为演员和导演被大众所认知，是在现实主义题材的影视作品中，比如《士兵突击》《北京爱情故事》，但从 2015 年的《唐人街探案》开始，你导演或监制的电影，比如《唐探》系列、《误杀》系列，包括《消失的她》《解密》《三大队》，等等，就转向了悬疑风格或者罪案题材，为什么在那个时间点会做出这样的改变？

陈思诚：其实我并没有把自己规定在条条框框之中，比如只做悬疑片之类的，我们也尝试过《外太空的莫扎特》这种儿童幻想题材。对我来说，电影就是我和整个世界相接触、了解世界并表达自我最重要的手段，所以我不愿意把自己拘泥在某一固定场景当中，我一直在尝试。与此同时，维系影片、团队与公司的运营需要成本，必须要有商业上的考量，但如果让我纯粹为了商业而商业，我又做不到，所以必须还要在商业之外有自己的表达。比如《三大队》，它最初就是三页纸的提纲打动了我，后来我们拍了这部电影，其中更多用的是现实主义的拍摄手法。包括《消失的她》，是因为那段时间我一直对层出不穷的关于现实暴力乃至婚内谋杀的新闻感到困惑，这时正好遇到这个剧本，就想用这个故事来纾解我的情绪，我们最终选择了高于生活的、更偏戏剧性和风格化的形式来呈现它。总之，商业市场、个人表达等方方面面，最后相互平衡下来，就形成了现在的结果——我们对类型化进行的探索。

战玉冰：新时期以来，中国大陆很长一段时间其实是没有商业类型片的，包括第五代导演们曾经热衷拍摄的商业大片，其实严格说来也不是类型片，更谈不上类型叙事，只是大明星、大制作、大场面就叫"大片"了。中国大陆真正的类型片基本是在包括你、宁浩、路阳、郭帆等这批七十年代后期到八十年代初期出生的年轻导演手中才真正发展起来的。我觉得这其中有一个很具有标志性意义的事件，就是 2014 年，在广电总局的组织下，你和其他几位青年导演作为代表，前往美国派拉蒙影片公司学习。当时去美国学习的你们这几位青年导演后来都分别成为国内最近十年各种类型片领域的代表性人物，当时去美国有怎样的收获？这段经历和你后来转向类型片创作之间有什么关系吗？

陈思诚：2014 年 11 月，广电总局发起"中美电影人才交流计划"，选派我和郭帆、路阳、宁浩、肖央几位导演前往海外学习。我们震撼于世界最先进的电影工业的创造力，内心也燃起了对本土电影工业化建设，以及推动文化市场繁荣的渴望和雄心。那年，中国内地电影市场总票房接近 300 亿元，但票房冠军仍属于好莱坞电影《变形金刚 4》。我们都在思考：中国电影该如何获得观众更大的认可？又该如何追赶世界先进水平？或者换一个更具体的说法，就是我们能不能打败好莱坞大片，拍出一部年度票房冠军电影？

要做到这一点，说白了就是要获得市场和观众，而市场和观众都需要类型片，这其中的逻辑还是比较清楚的。这可能也是我们几个人的共识，只是我们各自努力的类型赛道不同。往更深了说，这涉及一个创作者的艺术观的问题。电影其实和绘画、音乐、文学一样，不仅凝聚了创作者的才思，还需要观众的认可。换句话说，艺术作品不仅具有艺术性，同时也具有商业性，二者同样重要。一件艺术作品，如果从来都没有人看过，那它又何谈艺术性？因为艺术作品是需要传播的，需要去感染别人，这才能真正实现它的艺术价值。也就是说艺术作品的艺术属性始终都是要附着在它的商业属性之上的。

战玉冰： 我的理解是，你所说的"商业性"，其实指的是一种作品对于观众或读者的抵达和影响，而不单纯是赚不赚钱、赚多少钱的问题。也就是说，在你看来，仅仅是作者创作出作品还不够，作品必须在观众的观看和消费过程中才能真正实现自己的价值，而后者正是艺术品实现其商业属性的过程。

陈思诚： 对的，同时，我从不认为商业类型片更好拍，它反而很难。尤其是在当下，电影行业进入了一个纯买方市场的时代。以前文化产品稀缺，一栋楼里的观众可能都在同一时间围在同一个电视机前看电视剧，那时候一部电视剧真的有可能造成万人空巷的轰动局面。但现在各种文化产品呈现爆炸式的发展，人人都有手机，短剧、短视频、游戏……大家可选择的东西太多了，为什么要花钱、花时间，走进影院，看你的电影？这时电影就需要类型化，类型最明确的一点就是让观众知道自己要看的东西到底是什么，你喜欢喜剧就去看喜剧片，喜欢悬疑就去看悬疑片，不会导致货不对板、盲目消费。类型是由市场化的需求而产生的，并不是我们有类型之后才有市场，而是先有市场才有类型，而且这是电影工业发展比较成熟的国家——比如美国——早已经走过的路。

战玉冰：后来事实证明这条中国电影类型化的发展道路是成功的。2014年之后，一直到今天，十多年的时间里，中国年度票房冠军这个位置上再也没有出现过一部好莱坞进口片。与之相对应的，是国产类型片的崛起——比如喜剧片、悬疑片、战争片和科幻片。

"唐探宇宙"

战玉冰：我们接下来重点聊聊《唐人街探案》系列电影吧，我觉得这个系列比较有意思的地方是，它并不是单一的类型，而是一种复合类型，而且还是悬疑推理和喜剧的类型复合。你在之前的访谈里提到过，你在《唐探》系列中，是想要"将老电影中的成龙和楚原相结合"，也有学者将你的这种融合称之为"成龙＋古龙"，你怎么看待这种复合类型？

陈思诚：刚才说因为受《七宗罪》《杀人回忆》这些电影的影响，我一直想拍一部悬疑探案类电影。同时我也很想尝试喜剧，想把喜剧和悬疑推理这两个本来并不相关的类型嫁接在一起，因为我觉得如果只做单一类型的悬疑推理片，票房的天花板和商业的想象力是非常有限的。喜剧片是市场比较容易接受的类型。当然，这也并不只是说市场需要喜剧，而是观众需要娱乐和笑声。我特别希望能在电影院里看到观众既爆笑又叫好。

战玉冰：那你会担心悬疑推理和喜剧在一部影片中同时出现，两种风格彼此矛盾、相互消解的情况吗？

陈思诚：我最初做剧本时也想过这个问题。就像你说的，喜剧和悬疑看似相悖，悬疑需要绷着劲儿，时时刻刻保持一种紧张感；而喜剧则需要完全跳脱出来，要有放飞自我的感觉。会不会我们好不容易营造出来的悬疑氛围，被一个喜剧笑点就给直接捅破了呢？但后来事实证明，这二者的结合还是成功的，一加一是远大于二的。我一直认为随着观众观影频次的增加和世界电影的进化，要有新的类型出现，对于创作者来说就是要敢于突破。而实际上，今天的观众已经很能够接受甚至享受这种类型复合所带来的过山车式的观影体验了：一会儿氛围紧张、冷静思考，一会儿场面欢脱、放声爆笑。

这有点像现在餐厅里的融合菜，你到一家餐厅，就可以吃到不同地域、风格、口味的菜色，完成一站式消费，获得更多的即时性满足。这个时代的商业电影需求也是如此，现在观众普遍不满足于单一类型带来的观影体验，需要创作者在此基础上有所创新和突破，这就是你说的类型复合。当然，这话也可以反过来说，你做融合菜，别人其实就很难觉得你的菜做得非常高级，不会像古法川菜或者米其林餐厅一样给顾客一种高级感。但你想做得高级可能就要隔绝一部分观众。我们其实也是针对不同的电影项目，采取不同的开发策略。比如《唐探》系列，就是喜剧、推理和动作的融合；但像《三大队》这种片子，我们就是把它做成单一口味，不会想去在上面附加更多的类型；又比如《解密》，我们会采用一些更偏向现代主义的处理方式。

战玉冰：在《唐人街探案》影片开始的时候，镜头扫过秦风的书架，我后来特意暂停下来仔细看他的书架上都有哪些书，我看到有《福尔摩斯探案集》、东野圭吾的《白夜行》和周浩晖的《死亡通知单》，这是精心设计过的吗？

陈思诚：当然，就是要让大家知道他是看什么书长大的，他从小沉浸在这些书里面，所以后来才会成为一个在推理上极有天赋的人。这种感觉有点类似于"读书破万卷，下笔如有神"。或者像《误杀》中肖央的那句台词："你要是看过一千部以上的电影，你就会发现，在这个世界上，压根没有任何离奇的事情。"包括后来秦风在电影里"掉书袋"，说出各种推理小说名词，也就很符合他的人设了。

战玉冰：说到这一点，《唐人街探案》系列电影大概是第一次在国内院线电影中出现"《暹罗连体人之谜》""歌野晶午""青崎有吾""奎因手稿""密室讲义"这些推理名词。让身为推理迷的我感到很惊喜，感觉像是影片为推理迷专门设置的彩蛋。

陈思诚：说实话，当时拍的时候还真没想过为推理迷设置彩蛋，而是秦风的人设需要他说出这些名词，或者说他本身就是一个沉溺于推理小说之中的推理迷，从他口中说出这些名词，是为了帮助确立他的人设。

战玉冰：其中我特别喜欢的一个设计是《唐人街探案3》中秦风的"密室讲义"，电影用了非常酷炫的视觉特效技术，将约翰·迪克森·卡尔在侦探小说史上的经典桥段具象化地呈现了出来。

陈思诚：我们在《唐人街探案3》中的设计是，让秦风分裂出另外一个自我，与自己对话并推开墙壁，进入13个密室空间的场景。

想完成这样的效果，需要运用到最新的拍摄和后期技术，我们当时用了 MOCO（motion control，摄影机械臂）长镜头，这个技术成了实现这类创意的关键。技术的发展带来了全新的叙事方式，它当然不仅仅是为了炫技，还能为故事的表达带来创新。最后我们成功实现了用"一镜到底"的方式呈现这个"推理空间"。

战玉冰： 我觉得《唐探》作为系列电影，越到后面票房越成功。这当然和具体的市场、档期、影片观众的积累和口碑的发酵等因素有关，但它其实又契合了侦探小说的一个重要传统，就是"系列作"的形式。比如《福尔摩斯探案集》，就是保持福尔摩斯和华生这对核心人物组合一直不变，然后他们去经历不同的案件和冒险，完成一系列的小说。《唐探》系列中的唐仁和秦风也是如此，在第一部电影确立了两个主人公的人设之后，后面就可以让他们去破解不同的案件了。

陈思诚： 是的，大概是在拍摄《唐人街探案 2》的时候，我产生了打造"唐探宇宙"的想法，所以在剧本里加入了 Crimaster（犯罪大师）的概念，以及来自世界各国的侦探。侦探故事确实具有开发成系列作品的潜力。

战玉冰： 我注意到几部《唐探》电影彼此间会有一些继承的元素，比如它们都有一个 7 天破案的倒计时结构，又比如由《唐探 1900》中的马车追逐戏，也很容易联想到前三部电影中的泰国嘟嘟车追逐、纽约时代广场跑马车和日本街头卡丁车追逐戏份。甚至《唐探 1900》中金陵福"大变活人"的机关魔术，似乎也是在致敬《唐人街探案》中阿香家里衣柜藏人的那场戏。

陈思诚： 这其实是影片风格的延续，同时也考虑到春节档电影中可以保留一些观众喜闻乐见的元素，比如街头的追闹，而像是金陵福的魔术，除了上述考虑，魔术中所使用的障眼法还和影片最后的杀人诡计相关联，是一种情节上的呼应与暗示。

战玉冰：魔术里的诡计和推理小说中的诡计，彼此间有很多共通之处。

陈思诚：确实如此。高明的杀人案其实和魔术是一样的，一件事看似不可能，但是把道理讲清楚之后，你会发现也不过如此。比如我们刚才聊到东野圭吾的《嫌疑人 X 的献身》，我觉得这个小说的核心诡计就是一个相当精彩的大变活人的魔术。

《唐探 1900》：从环游世界到重返历史

战玉冰：除了悬疑推理和喜剧，我觉得《唐探》系列另一个特别吸引观众的地方在于域外风情，我把它称之为"旅行风光片"。你把故事背景设置在不同国家的唐人街，同时在影片中展示各地的标志性地景和建筑，这样一部电影在春节档上映，给看电影的观众带来一种跟着电影去全球旅行的感觉。

陈思诚：是的，跟着眼睛去旅行。

战玉冰：这些故事虽然发生在外国，但同时又是在唐人街，其中充满了中国元素，你怎么理解这其中的"唐人街文化"？

陈思诚：选择唐人街作为拍摄对象，一定程度上来说是一种机缘巧合，最初是在 2013 年，当时我在泰国拍摄电影《逃出生天》，同时也在写《北京爱情故事》的电影剧本。因为跑步经过当地的唐人街，就突然想到，如果我要去拍一部能让全世界记住的中国探案电影，为什么不能拍一个关于唐人街的探案故事呢？

后来为了拍《唐人街探案》去实地看景，有一天晚上我们偶然路过拉玛九区，被眼前的景象震撼到了。街道上张灯结彩，中国的传统建筑融合了泰国本地的风情，再加上现代文明的气息，形成了一种特别有意思的氛围，我觉得这里有很大的故事发挥空间。

再后来我们又先后去美国和日本取景拍摄，发现唐人街可以和不同的当地文化之间产生奇妙的化学反应，让我们习以为常的中国文化元素变得陌生而独特。

战玉冰：确实能看到《唐探》系列中对于中国元素的使用，比如《唐人街探案2》中结合金木水火土的"五行"概念，以及《唐探1900》中利用中医的"望闻问切"来探案。甚至我觉得"唐仁"和"秦风"这两个名字，取得也是别有深意。

陈思诚：确实是的。比如像你说的《唐人街探案2》，它其实不仅运用了中国的"五行"，还融入了纽约曼哈顿独有的棋盘式布局，让整个故事更加具有美国都市特色和神秘感。这就是唐人街文化最有意思的地方，它既是中国文化的延伸，不同唐人街又和不同的当地文化、民俗风情、政治、经济、历史，产生特别有意思的结合，形成自己独特的面貌。所以我认为每一个国家、每一个地区的唐人街都既有中华民族的共性，又有自己独特的个性，这种地方是很有想象空间的，很适合我们来讲故事。

战玉冰：我有一个观察，《唐探》系列好像针对不同国家的文化特色设计了不同的犯罪类型与核心诡计。

陈思诚：是的，比如《唐人街探案》泰国的故事里有黄金和失踪案的元素，是我们在泰国取景时看到一整条街都是金店而想到的。拍摄《唐人街探案 2》时，创作团队一想到美国就立刻想到了连环杀人案，因为美国不仅是侦探小说的起源地之一，也发生过一系列震惊世界的连环杀人案。到了《唐人街探案 3》，正如影片中台词所说的那样，到了日本，必须得有黑帮、密室、本格这些元素才够味。

战玉冰：这些电影在国外拍摄的过程中会遇到什么困难和挑战吗？

陈思诚：在国外拍戏，无形的阻力特别多，拍摄过程中会遇到很多非创作上的事情，跟他们周旋需要极大的耐心。跨国合作的文化碰撞，跨社会形态的博弈，这些都需要我们的拍摄团队去适应和调整。当然，我们在这一过程中也学习到了国外同行一些好的经验，总的来说是一个自我进步的过程。

战玉冰：继《唐人街探案 3》的日本故事之后，接下来似乎应该是发生在英国的《唐人街探案 4》，但这时你们选择回到历史深处，重新讲述 1900 年美国旧金山唐人街的故事，为什么会做出这个选择？

陈思诚：过去每当有机会到唐人街，我们都会观察生活在那里的华裔，也会找人聊聊天。不管是三代同堂的老移民，还是刚到不久的新移民，每个人的家族过往都像是一部史诗：恩怨情仇、爱恨别离……只要你投入足够的时间静心聆听，他们都可以一直讲下去。唐人街不只有那些家族背井离乡、远赴异国的故事，也有百年来华人移民休戚与共、守望相助的故事。我们不知不觉中就被一百年前唐人街的起源吸引：一切都是怎样开始的？

"唐人街探案"系列电影的前三部，观众都是在地理空间上跟我们一起去了泰国、美国、日本。我就对剧组的成员说，咱们这次在时间轴上旅行，一起回到 1900 年，回到唐人街起源的时候。1900 年的人，他们恰好遇上了工业革命，整个世界都在快速变化当中，就像我们今天也身处信息技术革命当中一样，那是一个非常有想象空间的历史时期，这一点非常吸引我。

战玉冰：和前几部《唐探》电影相比，《唐探 1900》中似乎融合了更为丰富的元素：美国《排华法案》、八国联军侵华、国内革命党与朝廷暗杀不断、土地掠夺与石油开采、从戏法魔术到电影摄像机，其中涉及华人铁路工人、爱尔兰裔、非洲裔、美洲原住民等各种族群之间的复杂关系，然后还有福尔摩斯和"中国的开膛手杰克"……从连环杀人案到族群与家国，真是看得人眼花缭乱。

陈思诚：我的每一个故事背后都一定要有我自己的表达欲望，也就是我的抓手。在《唐探 1900》中，这个抓手就是你刚刚讲的背后的这些东西，关于家国的部分。当然进一步来说，我也有一些以史为鉴、居安思危的表达企图在其中。

战玉冰："中国的开膛手杰克"这个设计确实很大胆，也挺有意思的。

陈思诚：历史上"开膛手杰克"在伦敦犯案是在 1888 年，到了1900 年美国完全有可能知道这个传奇罪犯的名号；同时在电影里他杀害女性、取走内脏的手法有着掩盖现实的犯罪意图，而不只是变态心理作祟；然后借助"开膛手杰克"这个极具新闻性的符号，可以迅速扩大新闻效应，将祸水引向华人，推进《排华法案》，紧接着就是土地掠夺、石油开发等一系列大阴谋。可谓一箭三雕。

战玉冰：案件只是冰山上面的表象，海平面下面其实隐藏着更为巨大且幽微的东西。

陈思诚：对的，如果只是讲一个具体的案件，现在已经不能吸引我了。我得不断往上走，看到更宽阔的东西。

战玉冰：如果说之前几部《唐探》电影是在一个空间平面上不断地转换，那么《唐探 1900》则是走向了时间的纵深，这样打造的"唐探宇宙"也就更具有立体感。不过这也带来一个问题，不同于以前三部《唐探》电影，其特色之一是到世界各地实地取景，现在全世界显然找不到一个 1900 年的旧金山，这就需要人工造景。这方面会遇到什么挑战吗？

陈思诚：挑战确实很大。我们相当于在山东德州乐陵市重建了一座 1900 年的旧金山城。2023 年 3 月我们决心建城；5 月我们就跟山东省乐陵市政府谈成了合作；到 2024 年 7 月，电影已经开拍了。拍摄时我走在场景里也时常感到震撼，说实话，现在回忆起来，我当时都不太相信这个工程是能完成的，所以也非常感谢当地市政府和企业的大力支持，我们一起用了 9 个月时间建了一座城。其实整个过程充满了因缘际会，其中任何一个环节出问题，这件事都不可能完成。我们所有人都只能一起向前努力，剩下那些未知的、不可控的，就交给命运。

战玉冰：你们打造的 1900 年的旧金山是怎样的空间布局？

陈思诚：整体布局上，我们在约 300 亩的地块中划分了三条主街道：一条是旧金山大道，另一条是欧洲街，还有一条是唐人街。两纵一横的主街道以及由此延伸出去的各条街道之间有交互关系，而不是彼此完全独立的。无论从哪个角度拍摄，各街道都纵横交错，呈现出 100 年前的旧金山模样。三条主街道和相关街道划分出了多个区域，包括爱尔兰区、黑人区、缫丝厂厂房区、火车站、码头、议政大厅、中国大戏院、白家公馆、协盛堂、格兰特的别墅、报社、警局、爱尔兰酒吧等，这些核心场景共同构成了一个综合体。

战玉冰：可以想象其中所耗费的人力、物力和艰辛。

陈思诚：是的，我们的道具和置景团队总共约有 800 人。整个影城建设高峰期有 5 000 多名工人，真的是一个大工程。

访谈时间：2025 年 1 月 26 日

代后记：
作为方法的侦探小说

战玉冰：我觉得侦探小说和城市的关系是一个很有意思的话题。从侦探小说诞生之初来看，它就和现代都市的兴起密不可分。

魏艳：对，现代都市的发展，例如警察制度的诞生、科技的发展以及交通工具的变化都影响了侦探小说的内容及形式。以交通工具与侦探小说形式之间的关系为例，大部分的福尔摩斯故事都是短篇，因为它在 *The Strand Magazine*（《斯特兰德》杂志）上连载，而大家都是坐火车通勤，在火车上的一段时间正好能读完一部短篇小说。后来人们的交通方式逐渐改为汽车，变成到了一个目的地后再读书，加上图书馆的建立，这些都影响到二十世纪三四十年代的侦探小说的篇幅，使其慢慢变成中篇或者长篇。至于交通工具如何被融入情节中，正如你在《现代与正义：晚清民国侦探小说研究》（以下简称《现代与正义》）一书中的《火车、时刻表与陌生人》这篇文章中，提到了火车的出现如何给罗师福等国产侦探提供了隔日往返苏沪的便利，还有张恨水的《平沪通车》中刻画的火车不同车厢的阶级暗示，车厢与餐车之间私密空间与公众空间的切换，这些都为犯罪小说提供了新的灵感。

战玉冰：是的，就好像本雅明在分析爱伦·坡的侦探小说时所指出的，侦探小说作为一种小说类型，整体上捕捉到了都市人的某种"惊颤体验"（Chock-Erfahrung），这是一种陌生人焦虑，尤其是将自己置身于街头快速流动的人群和来来往往的车流之中。用齐美尔的话说，这是一种"表面和内心印象接连不断地迅速变化而引起的精神生活的紧张"。这样大规模的陌生人群中很可能潜藏着犯罪分子，生活于都市中的人们由此感到一种危险和不安，并通过在小说中想象侦探破案的方式来克服这种不安感和焦虑感。

魏艳：嗯，本雅明用了爱伦·坡的小说《人群中的人》（The Man of the Crowd）来举例。侦探小说中无论是侦探还是罪犯，都善于伪装术或者易容术。西方侠盗亚森·罗萍系列小说中有很多这样的例子，中国的如孙了红的小说、二十世纪五六十年代的反特小说还有二十世纪五六十年代香港的侦探电影都有类似的桥段：侦探或者受害人到餐厅、理发厅、街上，觉得谁都有可能是凶手的乔装。

战玉冰：柯南·道尔笔下的福尔摩斯，他被设定生活在伦敦，所破的案子很多也都是在伦敦这座城市之中，简直可以说是伦敦这座城市的守护者和正义灯塔。我曾经开玩笑说，福尔摩斯之于伦敦的关系，大概类似于蝙蝠侠之于哥谭的关系。小说还特别强调了他对伦敦的每一个街道和建筑都非常熟悉，后来 BBC 推出的迷你剧《神探夏洛克》，也是进一步强化了福尔摩斯的这个特点，它通过更为视觉化的呈现方式，把福尔摩斯塑造为伦敦的"活地图"。

魏艳：美国有一位华裔侦探小说家裘晓龙，据说一段时间内很多美国人都把他写的发生在上海的故事当作来上海的旅游指南。

战玉冰：而到了 20 世纪 20 至 30 年代，美国"冷派"侦探小说中，在达希尔·哈米特和雷蒙德·钱德勒的笔下，侦探与城市之间的关系又发生了变化。侦探不再是一个目光如炬、无所不能的所谓"理性上帝"之子，也不再能够胜任城市守护者这一身份，整个城市对于侦探而言变成了一个危机四伏的"大他者"，城市的每个角落里都可能隐藏着犯罪、暴力、酒精与诱惑。"冷派"侦探小说诞生的大背景是当时的全球经济大萧条及其所引发的工人失业、城市罪案率上升等一系列社会问题。但这一转型也将侦探小说从通俗文学第一次带入到严肃文学的范畴。

福尔摩斯当然是世界文学史上塑造得最成功的侦探人物之一（甚至我们可以去掉"之一"），但从文学的层面来说，福尔摩斯还只是一个功能性人物，他的性格、能力和知识储备主要是服务于破案需要的，是为了推动情节发展而设定的。如果借用福斯特所谓"扁平人物"和"圆形人物"的划分，福尔摩斯基本上还是一个扁平人物，我们几乎不可能看到小说中会对福尔摩斯进行任何心理描写。相比之下，菲利普·马洛的人物形象，我觉得可能就要更丰满一些。当然，这里也不是要做高低评判，还要看作家的特长和小说具体的写法。比如阿加莎·克里斯蒂笔下的侦探波洛、马普尔小姐等也都是"扁平人物"，但阿婆最擅长的还是编织故事，这一点几乎无人能比，甚至有时候把侦探写成"扁平人物"，反而可能是有助于她编织故事的。

魏艳：此类"冷派"作品在西方有很多，例如现在很火的奈斯博笔下的"酒鬼警探"哈利系列，就花了很多篇幅刻画侦探自身的心理伤痕。但很遗憾，民国时期的中国侦探小说基本上都是受福尔摩斯的影响，对侦探的心理刻画很少。当代作品中雷米的《心理罪》系列对警察侦探方术有心理分析，但还是有点神化。香港电影很早就有对于警探内心世界的表现，如刘青云的《神探》。由紫金陈作品改编的电视剧《无证之罪》在这方面做得也比较好。还有刁亦男的"黑色电影"《白日焰火》中对廖凡饰演的亦正亦邪的侦探的刻画也是如此。但总体上数量并不多。

战玉冰：在晚清民国的中国侦探小说中，侦探与城市的关系也非常重要，而当时中国最有代表性的城市当然就是上海。我的书里专门讨论过民国上海的舞厅、电影院等新型都市空间与侦探小说的关系，也讨论过作为上海"对照物"的"苏州想象"。

魏艳：是的，我也根据孙了红的《紫色游泳衣》讨论过他如何利用泳池、报纸所代表的公共空间来设计女主角的项链失而复得的情节。此外，除了虚拟的侦探与城市，侦探小说家与城市的关系也值得关注。《现代与正义》一书中最让我印象深刻的是《亭子间、咯血症与"侠盗"想象》一文，从新闻剪纸中不仅把孙了红的生命碎片一点点地拼贴起来，还把现实中的作家与他笔下鲁平的行为和思想一一对应了起来，非常形象准确地刻画出亭子间的通俗作家孙了红的创作习惯与心理。可以就这篇文章的写作体会谈一下吗？

战玉冰：我确实非常关心孙了红，因为和程小青、陆澹安等我们还多少知道其"下落"的侦探小说作家相比，孙了红后来直接成了文学史上的"失踪者"。并且他的小说在20世纪40年代的畅销与他本人贫病生活之间的巨大反差，也不仅是他个人命运的不幸，而是战乱时代背景下，一代中国文人生存状态的普遍困境。我这篇文章是想通过他的身体、疾病、居住空间与文学作品，勾勒出这样一个作家在 1940 年代生存的基本面貌。

魏艳：我还记得几年前去上海新天地那边的一栋亭子间建筑参观，当然那里是很商业化的包装了，墙上还特意贴了"霍桑探案"的报纸。

战玉冰：当代中国的推理小说、影视剧与城市之间的关系就更有意思了。它已经不再仅仅局限于大都市的人流涌动、罪案频发与陌生人焦虑这个层面，而是更关注不同地域下城市的不同地景和风貌。比如把东北寒冷肃杀的冬季气候特征和罪案书写相结合，刁亦男的电影《白日焰火》，双雪涛、郑执等人的小说都是如此。甚至紫金陈的《无证之罪》，小说中的城市设定在杭市，就是以杭州为原型，小说里也基本没有太多的关于城市环境的描写。但同名网剧改编将案件发生地点放在东北，当秦昊穿着军大衣一登场，整部剧那种文学性的感觉就出来了。

魏艳：是吗？《白日焰火》很巧妙地利用了哈尔滨的地貌传达出黑色电影的隐喻，但在越来越多的以东北为背景的电视剧里，我倒是觉得东北更多地是被景观化了。例如穿貂皮的"黑社会大哥"的女人，带金链子讨债的"黑社会"，废弃的工厂等。

战玉冰：也确实存在这个问题，这里面暴露出了某种对于东北的地域想象或者说刻板印象。不过我也能从最近一些将背景放置在东北的犯罪题材影视作品中，感受到一点当年科恩兄弟《冰血暴》的味道。不过这可能也和我自己是东北人有关，我好像已经内在接受了全国人民的这种"东北想象"。

此外，我很欣赏的当代关于侦探与城市书写的案例是马伯庸的《长安十二时辰》，这部小说中张小敬与长安城之间的关系，完全可以理解为福尔摩斯与伦敦之间的关系。张小敬可以同时行走并穿越三个"长安"：一个是普通百姓生活的市井长安，一个是帝王与权贵生活的宫廷与靖安司，还有就是葛老所把控的长安地下世界。这里的张小敬完全就是詹姆逊在分析钱德勒小说时所说的那种能够超越边界、进入城市"异托邦"的侦探形象。而整个故事的虚构性与小说中历史知识细节的"真实性"之间的关系，也是一个很有意思的问题。

魏艳：《长安十二时辰》有意思的地方在于，一个是仿照了美剧《24 小时》，紧张感拉满，不断地反转，从中可见西方犯罪文学与影视作品对本土创作的启发；另一个就是马伯庸自己提到的，写这部作品也是受到游戏《刺客信条》的启发，加入了很多真实的历史细节。小说中一边是紧张的侦破，一边是侦探在进行沙盘推演，这样的设置就很有游戏中平行叙事的特色。

战玉冰：话说回来，侦探也并不都是固守在一座城市之中的。阿加莎·克里斯蒂笔下就有很多发生在英国乡村或大庄园里的侦探故事。另外，"黄金时代"的欧美侦探小说家也很喜欢让小说里的案件发生在世界各地，或者让侦探去环游世界，比如我小时候读的第一本"陈查理探案"小说，讲的就是一个环球旅行团一边环球旅行，一边遇到连环杀人案，从英国、法国、意大利、日本，一路到美国，最后陈查理破了这个案子。包括同一时期阿加莎·克里斯蒂的小说，也有很多是发生在跨国旅行的交通工具上，比如尼罗河上的游轮（《尼罗河上的惨案》）、从伊斯坦布尔到巴黎的"东方快车"

（《东方快车谋杀案》），或者是从巴黎飞往伦敦的普罗米修斯号航班（《云中命案》），等等。甚至在埃勒里·奎因的"国名系列"小说中，什么《法国香粉之谜》《荷兰鞋子之谜》《希腊棺材之谜》《埃及十字架之谜》《中国橘子之谜》……你把这些小说名字凑一起感觉都快组成一届"世界杯"了。这种黄金时代侦探小说的世界性想象显然和当时的殖民主义、帝国主义与资本主义全球化密不可分。

魏艳：有意思的是，早期不少英美犯罪文学中的罪犯都是中国人、日本人或者印度人，甚至当时西方侦探小说俱乐部专门制定的规则是不准写黄种人，这样会破坏公平竞赛（fair play）的原则，因为黄种人一出现肯定是罪犯。

《现代与正义》一书中第一篇《清末民初中国侦探小说中的传统性因素》观察得很全面，一方面，侦探小说作为一个舶来品，受到西方侦探文学的影响，特别是叙事手法与谜题的设置；另一方面，传统公案小说以及民间正义观也一直影响着本土侦探小说的创作。侦探取代了包青天，侦探也变成了包青天，比如2023年很火的电视剧《狂飙》，结尾也安排了清廉的人民干部主持正义，惩恶扬善的剧情。

战玉冰：对的，这种影响还是很明显的，比如对于"清官"的想象，在中国现代流行文化中一直都有。而除了民族文化心理和集体无意识层面，中国古代公案小说影响侦探小说最具代表性的个案就要属你书中专门分析过的狄仁杰了。狄仁杰的全球传播过程实在是太有意思了，我将它称作文化上的"出口转内销"。高罗佩作为一个外国人，把中国古代公案小说《狄公案》翻译成英文，再据此写成一系列侦探小说《大唐狄公案》，后来这些小说又被翻译成中文在国内出版，并引发了中国本土影视剧中的"狄仁杰热潮"。

魏艳：高罗佩的《大唐狄公案》对当代非常流行的古代探案题材的影响是很深远的。除他之外，还有陈舜臣的《长安日记》，也是将真实的古代文化知识编织到侦探小说中，最近还有艾尔莎·哈特的"李杜系列"，其中第一个故事是与清朝传教士有关的侦探小说，被翻译成了中文。马伯庸的系列作品也都是采取了类似的真实历史加虚拟案件的安排，但在史实的穿插上更为精心。

战玉冰：嗯，我觉得这里面其实有某种对于知识的迷恋，你看高罗佩小说里面写到那些古代生活物件，一扇门、一个柜子，你能感受到他真是喜欢这些东西，有一种汉学家对于中国古代文化的热爱。马伯庸也从不讳言他写小说前所做的大量功课。还有就是我书书里面专门分析过的作家小白，写的虽然是民国谍战小说，但他小说中所透露出来的对于历史知识的态度我觉得也很有意思。一方面他的故事完全是虚构的，另一方面他用来搭建故事大厦的一砖一瓦却又都是真实的。

我注意到后来你在王德威老师主编的《哈佛新编中国现代文学史》中也有一篇文章，中文翻译名称叫《福尔摩斯来华》。这篇文章虽然不长，但放在这本书里我觉得很有寓意，因为王老师这本书整体上非常强调中国现代文学的"旅行"和"流动"，当然他这里所说的"文学旅行"范围很广，从乾隆时期马戛尔尼使团访华，到晚清中国人走出国门开眼看世界，再到文学翻译层面的各类实践活动……我们在这样一本书的体例中重新来看"福尔摩斯来华"这一文学现象，就会发现这其实是整个中国现代文学"世界性因素"的一个组成部分或者说重要环节，这样就为中国侦探小说的研究找到了一个更大的、来自中国现代文学史与传播史的视野，或者用王老师自己的说法，叫"世界中的中国文学"（Worlding Literary China）。

魏艳：因为在香港教书的原因，近年我也关注岭南地区的通俗文学，例如 20 世纪 40 年代周白萍（他的另一个笔名是任护花）曾经写过《中国杀人王》系列，大概有三四十本，周白萍曾与粤剧团到旧金山唐人街表演，在那边了解到华人受到的不公平待遇以及华人内部的争斗，便以此为题材写了一个从中国偷渡到美国的帮派首领在世界不同城市帮助当地华人抵抗当地黑帮的故事，这个系列好比是当时的"007"式的故事，想象的都是各种汽车追逐与高科技，小说本身质量不高，但从全球化的想象看有一定的文化意义。乃凡著、华斯比编的《中国侦探在旧金山》也是讲中国人在旧金山探案。你对这部作品有什么看法？

战玉冰：孙了红说这本小说是"吾国侦探创作小说中的一部不可多得的杰作"，对它佩服得不得了。我觉得它完全可以和比格斯的《陈查理探案》进行"对读"，看看美国作家想象的华人侦探和中国作家想象的华人侦探究竟有什么不同。另外，我对作者乃凡的身份和经历也很有兴趣，只是目前能找到的这方面资料太少了，不过通过小说文本能感觉出他应该在美国长期生活过，很多细节不是道听途说就能写出来的。

然后就是你说的岭南地区的侦探小说，我比较感兴趣的一本书是莫理斯写的《神探福迩，字摩斯》，他把福尔摩斯的故事搬到了晚清时期的香港，你对这部小说怎么看？

魏艳：这一系列目前出版了两本，每本都包含了若干个短篇故事，都与福尔摩斯故事有对应的关系，但凶手与犯罪情节不尽相同。例如第二篇《红毛娇街》对应了柯南·道尔的《红发会》，甚至在文中还出现了"红毛会"的巧妙致敬方式，但受害人被骗走的原因与原作不同，对"红毛"也以巧妙的方式给予解释。这一系列的每个故事都穿插了各种 19 世纪中后期香港的掌故，包括地名、习俗等，而且也交织了真实的历史人物与事件，如中法战争等，还经常有中西文化比较，是一部真正把福尔摩斯与华生本土化的成功之作。

战玉冰：最后想向您请教一点研究方法和范式方面的问题。我自己是试图从晚清一直到当下，对一百多年的中国侦探小说发展史展开分段式研究。我研究下来的感觉是，中国侦探小说的研究方式，根据不同历史时期大概可以分为三种，分别对应不同发展阶段。第一阶段是针对晚清民国时期的侦探小说，我们可以把这些侦探小说视为一个整体，通过这些小说来讨论近现代以来，中国的都市文化发展、科学、理性、法制、正义等问题，基本还是在现代性的框架中将侦探小说作为一种理解的入口或者说观察的视点。甚至我们可以说，侦探小说这种文学类型本身就是现代性的产物，而晚清民国侦探小说自身的局限性也一定程度上暴露出当时历史发展的问题和现代性内在的逻辑矛盾。

魏艳：我认为晚清与民国在新旧交替这个问题上有一定的相似性，但也有不同。因此晚清与民国可以作为两个阶段来研究。晚清时期的作品如吴趼人的《中国侦探案》融合了公案、志怪等传统类型，如《老残游记》中虽然也很早出现了中国的福尔摩斯——老残，但最后加上了"千日醉""返魂香"等情节，让死者（或者说是昏迷的人）"返魂"这点使得作品有了民族寓言的色彩。此外，晚清时期的翻译也很有意思，我最近在阅读时发现晚清时期对维多利亚文学有大量的引进，而当时的西方侦探小说不只是福尔摩斯系列，如 L. T. Meade 的作品涉及的医疗技术（X 光）、热气球、钻石等对晚清民众来说是全新的事物，可以说大大扩展了国人的认知与科技想象。我们之前的研究还基本上局限于福尔摩斯（以及亚森·罗萍）来中国，我觉得晚清侦探小说的翻译研究还有很大的空间，当时来中国的可不是只有福尔摩斯。

战玉冰：第二阶段是针对 1950 至 1970 年代的反特小说、电影与连环画，我将其统称为"反特文艺实践"，我对这一段类型文学史的研究，主要是将反特小说作为一种文学话语，着重考察其与当时革命政治话语之间相互建构的关系，即我们如何通过反特小说来参与和完成社会主义革命实践，并在这一过程中想象并构建人民主体性的问题。

魏艳：这一时期中国的侦探小说应该说是兵分两路，另一支就是五六十年代原来上海"鸳鸯蝴蝶派"的传统流传到了香港，例如原来出版《蓝皮书》侦探杂志的环球出版社 1950 年代就搬到了香港，复刊了《蓝皮书》，继续刊登了 1940 年代在上海连载的郑小平的"女飞贼黄莺"系列，因为故事发生在上海，受到当时新移民的喜爱，有的书甚至再版了十一次，并直接启发本地创作者，还拍了电影，开启了香港侦探文学与电影中独特的"女侦探"与"女贼"主题故事创作，启发我们从跨地区、跨媒体的角度思考侦探小说的生产与流通。

战玉冰：嗯，这一支侦探小说的文学发展脉络也很有意思，比如之前听你讲希区柯克电影在香港的接受、模仿，甚至是翻拍，感觉都很好玩，我最近也开始在有意识地搜集这方面的电影来看。能不能请你再具体聊聊这个话题？

魏艳：二十世纪五六十年代大量香港电影改编自中西方名著及电影，希区柯克（他们一般翻译成"希治阁"）的作品，例如《迷魂记》（*Vertigo*）、《后窗》（*Rear Window*）、《捉贼记》（*To Catch a Thief*）、《电话谋杀案》（*Dial M for Murder*）、《火车怪客》（*Strangers on a Train*）都被翻拍过，有的可能只是取其中的一个场景，例如1965年罗炽导演的粤语片《追凶记》里面将《火车怪客》中的 Bruno 在阶梯上远远地看着 Guy 的场景改为警探在澳门大三巴牌坊看凶手。但希区柯克的电影中有一种道德的暧昧性，例如《迷魂记》中的侦探自身也有问题，《火车怪客》中 Bruno 与 Guy 有一种善恶双生共存并可能转换的象征，但二十世纪五六十年代的香港电影面向文化程度不高的妇孺，翻拍讲求善恶终有报，没有希区柯克电影中的道德复杂性，反倒是后来法国新浪潮推崇希区柯克，这影响了二十世纪七十年代的香港新浪潮，徐克、谭家明等都曾撰文纪念过希区柯克。徐克的电影如《蝶变》，与希区柯克影片中对人性中"恶"的反思有一些相似性。

战玉冰：第三阶段就是1980年代至今的推理小说、谍战小说及影视剧。这是一个众声喧哗的时代，里面包含的情况相当复杂。比如其中有以《啄木鸟》《东方剑》为代表的公安文学，有所谓"新本格"推理小说，还有大量民国题材谍战小说及影视剧，等等。我自己感觉很难用一个相对整体划一的框架来统合这些彼此间差异很大的作品，还是要针对不同的作品类别展开具体的个案研究。

对这方面我目前大概有两个认识，其一，不能局限于推理小说这一严格的类型规定，要不最后就会变成一种"推理亚文化"研究，在我看来这样研究的意义就会削弱很多。当代典型的本格推理小说中，案件往往被设定在一个远离都市人群的孤岛、山庄或洋馆中，然后在里面发生所谓"暴风雪山庄"事件。我能够理解这样的设定可以让作者更集中精力和笔墨来处理"诡计"的问题，这一类小说作品中也确实产生了很多令人惊艳的诡计想象。但我感到不满足的地方可能在于，这样一种高度去社会化、去现实化与去历史化的写作态度，相当程度上导致当代的推理小说丧失了在其诞生之初时的那种把握时代精神文化与社会感觉结构的能力，而变成了被小众读者所喜爱的"推理亚文化"，或者是一种推理谜题游戏，这多少还是有些可惜的。

其二，我个人的主张是，做当代推理研究还是要把悬疑作为一种方法，考察不同小说悬疑设置、罪案想象与推理情节的意义，比如我最近很感兴趣的题目之一是当代中国作家以悬疑罪案的方式，对上世纪九十年代直至21世纪初的社会历史记忆所进行的文学书写，这里不仅有双雪涛、郑执这批"新东北作家"，还有写出《血色莫扎特》等小说的房伟，他们的具体地域生活经验可能并不一样，但悬疑罪案都构成了他们某种想象历史的方法，我觉得这其中透露出来的问题可能会更有意思。

魏艳：与其他国家相比，侦探小说在中国虽然也读者众多，但它的生产自晚清起就与传统的文学观念有冲突，发展一直有诸多限制，可谓带着镣铐跳舞，例如侦探小说不可避免具有犯罪情节，这就与传统对小说"诲淫诲盗"的担忧相悖，因此我觉得民国侦探小说写得不那么精彩的重要原因就是在这方面的自我设限，担心自己的作品成了黑幕小说。这方面如孙了红写的侠盗故事，反而对这一限制有所突破，更加好看。到了当代也是，例如刑侦剧一度被叫停，也与担忧此类作品会给犯罪分子提供灵感有关。因此我觉得密室类智力推理虽然如你说的格局有些小，但似乎也是不得不为之的安全做法。反倒是严肃文学越来越借用悬疑的手法，从早期余华的《河边的错误》，到双雪涛、班宇、郑执等"新东北作家"群的作品，它们频繁使用悬疑小说的桥段甚至混淆悬疑小说的虚构与真实来探寻九十年代下岗工人的生活真相，或者质疑已有的历史书写的可靠性。悬疑，如刘岩所提出的，是一个独特的必要的手法，通过悬疑手法的运用，求索一种话语，使被遮蔽的历史经验显影，发掘被掩埋的对话主体及潜藏的历史书写的可能。在这个层面上，东北犯罪文学及悬念手法似乎回到了沈从文对"有情的文学"的理想，在文学中，已死的小人物可以以文学的幽灵的形式永存、彰显与被怀念。他们在法律上可能是罪犯、可能是受害者，但当代的东北犯罪文学中都给予了他们声音、尊严与同情。

战玉冰：是的，在他们的小说中，探寻案件"真相"构成了发掘历史"真实"的一种文学形式，二者是高度同构的。另外我也很关注当下最新的推理文化现象，比如我最近在看"豆瓣阅读"上的悬疑小说排行榜，其中很多作品真是超乎我的想象，比如陆春吾的《一生悬命》、君芍的《青女》等，都写得非常好，而这些都是我们研究者平时很少去关注的文本。还有就像是《明星大侦探》一类的综艺、剧本杀一类的推理类社交游戏，还有一些推理类的桌游、手游，等等，如何对这些最新的推理文化现象展开研究，是一个有趣的问题，同时对研究者来说也是挑战，毕竟能参照的学术范本很少，甚至没有。我知道你前段时间也去体验了一下剧本杀，不知道你有什么感受呢？

魏艳：剧本杀我只体验过一次，玩的还是一个情感类加侦探类的剧本，其中的推理要素不明显也不太重要。我觉得剧本杀的特色主要是 POV（Point of View，视点人物）叙事以及使用广播、沉浸式小剧场让读者更加容易带入故事，参与者扮演了多重身份，既是读者，又是剧中角色，还是观众。我想研究这些作品可以从 Transmedia Storytelling（跨媒体叙事）、Reception Theory（接受理论）的角度思考。此外剧本杀与话剧的关系也比较密切，也给侦探小说提供了一个跨文类改编的研究视角。

战玉冰：你提出的这几个思考角度都很有延展空间，未来有机会可以一起约一局"推理本"，我现在感觉自己处理这种新的文化现象与媒介形式时，最大的不足还是"文本"阅读量远远不够。

对谈人

魏艳，香港大学中文学院助理教授

战玉冰，复旦大学中文系青年副研究员

（首发于《文艺报》2023 年 7 月 19 日第 8 版）